TAE

ENTRE TODOS

Spanish 2

Gilbert A. Jarvis
Thérèse M. Bonin

Diane W. Birckbichler
Jill K. Welch

HOLT, RINEHART AND WINSTON

AUSTIN NEW YORK SAN DIEGO CHICAGO TORONTO MONTREAL

Copyright © 1989, 1986 by Holt, Rinehart and Winston, Inc.

All rights reserved. No part of this publication may be reproduced or transmitted in any form or by any means, electronic or mechanical, including photocopy, recording, or any information storage and retrieval system, without permission in writing from the publisher.

Requests for permission to make copies of any part of the work should be mailed to: Permissions, Holt, Rinehart and Winston, Inc., 1627 Woodland Avenue, Austin, Texas 78741.

Printed in the United States of America

ISBN 0-03-014943-6

123 040 9876

Contents

Scope and Sequence   T4
Teacher's Preface   T6
   Introduction   T6
      I. Organization of *Entre todos*   T7
           1. *Introducción*   T7
           2. *Exploraciones*   T7
           3. *Perspectivas*   T8
           4. *Integración*   T8
           5. *Vocabulario*   T8
           6. *Gacetas*   T8
     II. Instructional Strategies for Teaching Proficiency   T8
        A. *Introducción*   T10
           1. *En contexto*   T10
           2. *Comprensión*   T11
           3. *Así se dice* and *Comunicación*   T12
        B. *Exploraciones*   T13
           1. *Presentación*   T13
           2. *Preparación*   T14
           3. *Comunicación*   T15
        C. *Contextos culturales*   T19
        D. *Perspectivas*   T20
        E. *Pronunciación*   T20
        F. *Integración*   T20
        G. *Vocabulario*   T22
        H. *Gacetas*   T22
     III. Using the Components of *Entre todos*   T24
        A. Pupil's Edition   T24
        B. Teacher's Annotated Edition   T24
        C. Writing Activities   T24
        D. Listening Activities   T24
        E. Testing Program   T24
        F. Tape Program and Tape Manual   T25
        G. Transparencies   T25
        H. Map Transparencies   T25
        I. Additional Activities and Cultural Enrichment   T25
        J. Special Adaptations   T25
        K. Copying Masters   T25
     IV. Further Development of Language Skills   T26
        A. Listening   T26
        B. Writing   T26
        C. Reading   T27
        D. Speaking   T28
     V. Different Levels and Modes of Learning   T28
     VI. Testing and Evaluation   T29
        A. Evaluating Speaking   T30
        B. General Scoring Suggestions   T30
     VII. *Entre Todos* Leads to Proficiency   T31
Abbreviated Tapescripts   T32

SCOPE AND SEQUENCE

CH.	FUNCTION	STRUCTURE	VOCABULARY	CULTURE
1	Reviewing topics learned in ¿Y tú?	Nouns and adjectives Possession Regular and reflexive verbs Questions Irregular verbs Object pronouns Stem-changing verbs The preterite Formal and informal commands	Greetings Numbers Seasons and weather Clothing Colors Question words	**Los jóvenes y los carros en Hispanoamérica**
2	Talking about what you think and feel Making comparisons Making impersonal statements Expressing *most, least, best,* and *worst*	Verbs like **gustar** Using **tan...como** and **tanto...como** Using **se** The superlative	Outdoor pastimes Snack foods	Amusement parks in Madrid, Bogotá, Mexico City, and Santo Domingo, D.R.
3	Saying how long ago something happened Talking about the past Talking about things you have or own Talking about the past	**hace** with the preterite tense Preterite-tense verbs with an irregular stem The long-form possessives The imperfect tense	Giving a party	Extended families **La Pequeña Habana** Spanish TV Family reunions Family dinners Mexican influence in U.S.
4	Talking about what things were like in the past Describing people, places, and things Talking about continuing actions Narrating past events	The imperfect tense of **ir, ver, ser, haber** Position of limiting adjectives **hace** with time expressions in the present The imperfect vs. the preterite	Farm animals Typical stores in a town	Urban vs. rural life New customs in rural areas **El gaucho** Spanish agricultural products
5	Talking about the past Getting people to do things Showing affection and indicating size Describing conditions and actions in the past	Verbs with a spelling change in the preterite Commands with pronouns and **nosotros** commands The diminutive The imperfect vs. the preterite	City life	Caracas **Colectivos** **La Universidad Nacional Autónoma de México** Cultural mix in cities
6	Telling others what you want them to do Trying to influence others Expressing doubt Talking about people and things already mentioned	Indirect commands Present subjunctive after **querer** and verbs of influence Present subjunctive after **dudar** and **no creer** Double object pronouns	House and furniture Household jobs	Domestic employees Renovation of old buildings Hotels in Spain Mixing business and leisure in the home

CH.	FUNCTION	STRUCTURE	VOCABULARY	CULTURE
7	Showing emotion or making requests Referring to general qualities Letting others know what you think Expressing motive and purpose	Irregular verbs in the subjunctive The neuter article **lo** with an adjective Stem-changing verbs in the subjunctive **por** and **para**	Types of art and artists Art equipment	Murals Famous Spanish painters **Las tunas** Antonio Gaudí Spanish traditional dances Roman aqueduct Don Quijote
8	Talking about things you have done Describing how something was or was done Giving opinions or making judgments Talking about things you do	Present perfect tense Past participles as adjectives Subjunctive after (im)personal expressions Other uses of the infinitive	Natural disasters	Cortés and the Aztecs **El Dorado** **El Castillo at Chichén-Itzá** Disappearance of the Mayan Civilization **Machu Picchu** Ponce de León
9	Describing actions in progress Talking about what was happening Talking about the unknown Showing contrast or contradiction	The present progressive The past progressive The subjunctive in adjective clauses **pero, sino,** and **sino que**	Holidays Musical instruments	**Las posadas** **Año Viejo** **Fiesta de San Fermín** **Carnaval de Panamá** **Las Fallas** **El Día de los Difuntos**
10	Talking about the future Talking about what will be Asking what or which Talking about conditions to be met in the future	The future tense Irregular verbs in the future **qué** or **cuál** The subjunctive after adverb clauses	Future responsibilities	The Antarctic Telecommunications Wildlife refuges in Baja California The energy crisis Overpopulation Earthquake-resistant buildings in Mexico
11	Telling what had happened Referring to people or things Talking about what would or could happen Expressing what you wonder or guess	The past perfect tense Relative pronouns **que** and **quien** The conditional tense The future and conditional of probability	Island plants and animals Island activities	The Galapagos Islands Drach Caverns Margarita Island The Canary Islands The Dominican Republic Puerto Rico Easter Island
12	Making very polite requests and suggestions Expressing emotion, doubt, or requests in the past Talking about obligations, interests, and conditions Saying what you would do if....	The imperfect subjunctive of **querer, poder,** and **deber** The imperfect subjunctive More uses of the imperfect subjunctive **si** and **como si** with the imperfect subjunctive	Fantasy and imagination	**El Observatorio Cerro Tololo** People living past 100 Some facts about Panama Abundance of silver in the New World Tales of chivalry **La Catedral de Sal**

Teacher's Preface

Introduction

Much has been learned about language acquisition in recent years. The new editions of ¿Y tú? and **Entre todos** incorporate that knowledge in a way that takes into account the realities of today's classroom. In creating this state-of-the-art series, we have incorporated the following features:

1. *An emphasis on meaning and communication.* Too often in the past, foreign language instruction has separated language from meaning, resulting in negative student attitudes and in a misconception of language learning as the dull, repetitive memorization of strange forms that have little to do with real life. With the materials in this series, you can engage students in communication from the first day of class, rather than promise them communication "someday."

2. *An opportunity for you, the teacher, to improve the quality of instruction by taking into account your classroom facilities, your students' interests and abilities, and your own personality and goals.* The teacher is not a technician who follows the prescriptions of the textbook, but a professional who uses his or her knowledge to decide how to use it as a resource. What to have students do with a conversation or an interview, what sequence of activities is appropriate, whether an activity should be done in small groups or by the whole class, orally or in writing, are all decisions best made by you. While offering abundant material and a workable framework for teaching Spanish, this series does not impose any single methodology. It can easily be adapted to different teaching styles, student abilities, and course objectives. At the same time, the annotations in the Teacher's Edition contain an abundance of cultural facts, teaching suggestions, and quick-reference answers to activities that provide you with the greatest possible support in making decisions quickly, conveniently, and confidently.

3. *A functional approach that relates each grammar point to its function or role in communication.* We believe that a function-oriented approach, while in many ways advantageous, must be combined with a pedagogically sound grammar sequence if true proficiency is to be achieved in an efficient manner.

4. *A richness and variety of cultural insights that increase students' intercultural awareness.* Students read about Spanish culture and see aspects of it depicted in the **Contextos culturales**. They see reflections of the culture in readings or dialogues, they draw cultural conclusions from the way an idea is expressed in Spanish, and they are presented with the opportunity to learn cultural customs and practices. Whatever the approach, students increase their knowledge and understanding of cultures that are different from their own.

When we examined the teaching of Spanish in middle schools, junior high schools, and senior high schools across the country, we were immediately struck by the enormous diversity of teaching styles and environments. With this observation in mind, we have designed a series that allows for diversity while improving the quality of the teaching-learning process and increasing students' enthusiasm for learning a new language.

Teachers can make a difference in attitudes toward learning, and our textbook will help greatly in giving students a positive attitude. We have carefully tested the materials in our series with students in classrooms across the country. Their responses, and the responses of the teachers, have been invaluable in shaping the series and in reinforcing our conviction that, in your hands, ¿Y tú? and **Entre todos** can make a significant difference in language learning.

Gilbert A. Jarvis
Thérèse M. Bonin
Diane W. Birckbichler
Jill K. Welch

The Ohio State University

I. Organization of *Entre todos*

The Holt Spanish series consists of ¿Y tú? (Level 1), **Entre todos** (Level 2), and **Fronteras** (Level 3).

Entre todos is divided into one review chapter, 11 teaching chapters, and four supplementary reading chapters. The first chapter, **Capítulo puente,** contains an introductory dialogue and comprehension activity, followed by five review sections entitled **Repasos.** Each of the chapters 2 through 12 is organized as follows.

1. **INTRODUCCIÓN.** Each chapter begins with an **Introducción** that contains a variety of activities: (a) **En contexto,** a lively dialogue or reading, followed by a **Comprensión** to evaluate understanding; (b) **Así se dice,** which presents new vocabulary through pictures and recognition activities; (c) a **Comunicación** section that encourages students to use the new vocabulary creatively.
2. **EXPLORACIONES.** Each chapter contains four explorations of major grammar structures. Each **Exploración** is divided into three sections: (a) the **Presentación** explains the grammar topic and relates it to a communicative function; (b) the **Preparación** section provides contextualized, structured practice of the new function and structure; (c) the **Comunicación** section gives students the opportunity to relate the new material to their own lives through open-

ended, personalized activities; (d) the **Repaso y extensión** at the end of each **Exploración** serves to augment concepts taught in the chapter by reviewing previously learned related structures or by presenting a new perspective or use of the grammar concepts at hand. The various **Contextos culturales,** found within the **Exploraciones,** provide cultural information and enrichment.
3. **PERSPECTIVAS.** The **Perspectivas** uses readings, dialogues, and communication activities to integrate and reinforce the language presented in the chapter. Each **Perspectivas** is divided into three sections: (a) the **Lectura,** a reading or conversation, followed by a **Comprensión;** (b) the **Comunicación** activities; (c) a **Pronunciación** section to review and reinforce the new sound system.
4. **INTEGRACIÓN.** In this optional section, a series of activities, organized by the four traditional skills, reviews and integrates the material from the chapter: (a) **Vamos a escuchar** checks aural comprehension; (b) **Vamos a leer** practices reading skills; (c) **Vamos a escribir** provides writing practice; (d) **Vamos a hablar** gives students practice speaking in challenging and realistic situational role plays.
5. **VOCABULARIO.** Each chapter ends with a comprehensive vocabulary list organized into useful thematic categories, such as "nouns related to the home" or "nouns for musical instruments."
6. **GACETAS.** Located after every third instructional chapter, these colorful, magazine-like sections offer students an opportunity to develop reading strategies, such as contextual guessing and using cognates, that will help them read Spanish more easily and effectively. The readings have been selected for their authenticity and their appeal to teenagers.

II. Instructional Strategies for Teaching Proficiency

Each section of **Entre todos** has been designed to provide maximum flexibility and to be used in a variety of ways, depending on available class time and teacher preferences, as well as on the needs, goals, and interests of the class and of individual students. For most programs, instructional strategies will emphasize communicative proficiency in all the skills.

The following are guidelines and suggestions that will help you utilize to greatest benefit the various sections contained in **Entre todos.** Although each section of **Entre todos** focuses on a different aspect of language learning, several guidelines apply to all sections.

1. Involve students actively in all stages of language learning. Teaching a skill implies that students should use that skill rather than talk or be told about it.
2. Minimize rote manipulation or recall of language, and emphasize meaningful communication.
3. Vary the contexts in which material is learned so that students have the opportunity to use the language often and to see it used in a wide variety of situations.

4. Provide practice in each of the skill areas (listening, reading, writing, speaking) because student abilities vary with each skill. The exclusion of practice in one skill may deprive a student of success in learning Spanish. **Entre todos** has been carefully designed to practice all skill areas. The symbol **L** designates activities that target listening, and the symbol **W** indicates writing. Of course the majority of activities can be used, at your discretion, to practice more than one skill.
5. Provide a logical sequence of tasks, beginning with drill, progressing to structured, meaningful practice, and ending with open-ended, creative activities. This is the normal sequence of exercises in each **Exploración**. The new edition of **Entre todos** also provides early recognition activities for new word lists to precede communicative use of the thematic vocabulary.
6. Encourage students to see the many similarities between themselves and the peoples of the Hispanic world and to examine the differences that exist between them.
7. Create a classroom atmosphere in which students feel free to express their ideas and feelings, to take risks in the language, and to view errors as a natural part of language learning.
8. Let students see *you* using the language creatively. When you can phrase more complicated or advanced ideas in Spanish with the vocabulary and grammar they know, go ahead. This encourages students to use the language to express more advanced thoughts and ideas.
9. Encourage students to use Spanish beyond the classroom—with friends at school or on the telephone, with members of their families, or within the community if possible.
10. Recognize the diversity of students in your class, and try to accommodate individual learning styles, needs, and interests.
11. Here are some specific strategies for the **Capítulo puente**. It may be viewed as a tool to use at your discretion. This chapter is a comprehensive review of concepts taught in ¿**Y tú?** and may be utilized in a number of different ways.

   a. **Introducción.** The vocabulary boxes and activities found in the first part of the chapter give you and your students the opportunity to get acquainted and to engage in enjoyable activities while reviewing concepts presented in the first year. This serves to create a positive environment and lend enthusiasm to the class from the start of the school year.

   - Do fast-paced reviews of vocabulary. For example, with numbers, write different numbers on the chalkboard, and quickly ask different individual students to say them.

   - Use the teacher's annotations and your own ideas to extend activities. For example, with letters and spelling you can create different games, such as hangman or rapid-response spelling of names or known vocabulary in teams.

   - Have students work with partners or in small groups. For activities in which students greet each other, for instance, have students first work with one student and then change partners, or have them greet different members in a group of three to five students.

- Ask related questions. For the section on weather, you might ask, **¿Qué tiempo hace hoy? ¿Crees que hace buen tiempo en Hawaii hoy? ¿Dónde hace mal tiempo durante el invierno?**

- Have students report. After students work in pairs or in groups, ask students to report what they found out. Ask, for example, **María, ¿cómo se llama él / ella?** or **¿Cuál es el teléfono de él / ella?**

b. **Repasos.** The five **Repasos** contained in the **Capítulo puente** are organized by major grammatical themes, such as **Nouns and Adjectives**. They differ from the **Exploraciones** in the regular chapters in that the **Presentación** section is very brief and is not limited to one grammar structure. These grammar explanations can be presented in a short amount of time, as they are concepts with which students should already be familiar. Each of the **Repaso** topics is augmented by a thematic vocabulary review. The presentation of grammar is followed by a section entitled **Actividades,** which progresses from structured exercises to more open-ended, personalized activities. The order in which you present the **Repasos** depends on your own preferences and the needs of your students.

For suggestions about how the exercises in the **Repasos** may be used, see the description of **Preparación** and **Comunicación** activities on pages T14-T19.

Here are some specific strategies for the sections of **Capítulos 2-12**.

A. INTRODUCCIÓN

1. **En contexto.** One prerequisite to comprehension is the ability to relate to one's preexisting knowledge of oneself, other people, and one's environment. **Entre todos** strengthens that ability by providing interesting language-in-context passages that are based on previously learned structures. Here are some ways to enchance comprehension of these passages. Most of these teaching suggestions will also apply to the language-in-context **Lecturas** in the **Perspectivas** section.

    - Familiarize students with the new words.

    - Ask students to use the title and the accompanying illustrations to try to guess what the passage is about.

    - Ask students to answer the prereading question or do the prereading activity that appears in a teacher's note before the reading.

    - "Set the scene" with a brief introduction in Spanish or in English.

    - Relate the content of the **Introducción** to students' lives. For example, in **Capítulo 2**, three friends discuss amusement park rides. You might ask students in this instance, **¿Te gustan los parques de atracciones?** or **¿Te gusta subirte a los aparatos? ¿Por qué (no)?**

- Ask students to anticipate content by looking over the **Comprensión** before reading or listening to a passage.

- Present new vocabulary through visual aids, gestures, Spanish synonyms or paraphrases, and English translations. The marginal glosses can serve as a reference point if students do not remember the meanings of the new words.

- Put the **Introducción** without glosses on duplicating masters, and see how many meanings of words students can guess from the context in which they occur.

- If the passage is assigned as homework, students can study the marginal glosses first and think about the word meanings as they read.

After students have learned new vocabulary and "the scene has been set," they will be better prepared to deal with the entire passage. Although it can be introduced in one day, you might want to present several lines one day and the remaining lines on another. The presentation of the passage can take several forms.

- Present transparencies and other visuals that illustrate the passage before students see it in written form.

- Put the passage on a transparency, and read it through with the class, pointing out those parts that students should note. Use visuals to reinforce the content.

- Have students listen to the tape before seeing the passage. As a follow-up, have them listen to the tape again after having learned the vocabulary and gone over the **Comprensión**. Students will be surprised at how much they understand the second time.

- Assign the reading as homework or as in-class work, and go over the passage the next day in class, using, for example, the **Comprensión**.

- Ask students to match the lines of a conversation or reading with visuals.

Each of these presentations has an appropriate time and place in the classroom. What is essential is that *students be attentive to the meaning* of what they are seeing and hearing, no matter which presentation strategy is used.

2. **Comprensión.** Although individual or whole-class repetition of a dialogue or reading helps pronunciation of new vocabulary and sentence patterns, this activity does not guarantee comprehension of the passage. Here are some suggestions for using the **Comprensión** to determine whether students have understood the passage.

- Ask students to look over the **Comprensión** before the presentation of material to help them find important information.

- Ask students first to listen to or read the **Introducción** and look for the main idea. Later they can be asked to find more specific information or to draw inferences and conclusions.

- Ask the **Comprensión** questions orally after the class has listened to or read the passage.

- Assign the **Comprensión** as homework, and go over it the next day in class. You might put answers on a transparency so that students can easily check their responses.

- Assign a question or questions to individual students or to small groups of students, who are then responsible for finding the answers and reporting back to the rest of the class.

- Use the questions as a game to see which student or team of students can find the answers to the questions in the shortest period of time.

Some tasks you might ask students to do will involve them more directly in checking comprehension. Have students do the following.

- Select the accurate sentences from a summary of the passage you provide that contains some misinformation.

- Make up their own questions to ask each other.

- Draw or find pictures that summarize the content or illustrate particular parts of the passage and discuss them orally or in writing.

- Make up a new title for the reading or choose from among those given by the teacher.

- Create a new beginning or end of the passage or rewrite the material, relating it to their lives.

- Put scrambled passages or related illustrations in the right sequence.

- Summarize the passage in Spanish or English.

- Play the role of a character or characters in a conversation, and have other students ask them questions.

3. **Así se dice** and **Comunicación.** These two sections that follow the **En contexto** passage introduce useful vocabulary related to the chapter theme through visuals and interesting contexts. You can enhance this function by helping students relate the new vocabulary to their needs and interests. For example, in **Capítulo 5,** ask in English what kinds of buildings, social events, and modes of transportation are associated with a city. Then let them use the visuals to discover the equivalent Spanish words. You may also choose to present vocabulary groupings through the use of visuals as well as gestures, Spanish synonyms, and English equivalents, or by assigning the vocabulary as homework or in-class work.

Physical response activities can help motivate students and minimize the use of English. They also allow students to demonstrate understanding without requiring premature production of words and patterns that might be prone to errors. You might play charades, ask students to give and act out commands, or engage in role-play activities with real props, pictures, or cutouts. Teach a few (4–6) new words at a time, and proceed from simple to combined commands.

> Éste es un sombrero.
> Paula, ¿es esto un sombrero o una bolsa?
> Ramón, ponte el sombrero, por favor.
> Evita, levántate, pasa al pizarrón y quítale el sombrero a Ramón.

B. EXPLORACIONES

1. **Presentación.** The **Presentación** explains a point of Spanish grammar and its communicative functions. It provides a concise grammar rule in English with examples of the pattern in Spanish. Each of the explanations has subsections. Thus, each presentation may be treated in its entirety or on separate days. Here are a variety of ways for handling the **Presentación** section.

- Use transparencies or other visuals to give examples of the grammar so that students can formulate the general rules that govern their use.

- Because the grammar explanations are straightforward and examples are given, you may assign the **Presentación** as homework. The next day, you can proceed to the **Preparación** section or discuss the grammar if particular problems occur.

- Lead the students through the **Presentación** while discussing the use of the pattern in the sample sentences.

- Use the **Presentación** for review or for makeup work.

Each **Presentación** begins with a brief statement about how the grammar is used to communicate in Spanish so that students can immediately see the usefulness of a grammar structure. You can extend the functional approach by making additional comments or by asking other questions. For example, when talking about comparisons with **tan/tanto...como**, ask students to think of situations in which they might want to compare persons or things which are equal. Or, before introducing the imperfect, ask students to consider the mood that is created in the relating of a memory or of a story beginning with "Once upon a time." In addition to helping students see the usefulness of the material they are studying, these questions heighten the students' awareness of their own language and of language in general.

The Teacher's Annotated Edition substitution and transformation drills give students initial practice in manipulating structures and making rapid responses within controlled language. The number of drills used will depend on student needs, class time, and teacher preferences. If students are able to understand a particular grammar concept easily, few preparatory drills will be necessary, and students can progress to the **Preparación** and **Comunicación** sections.

2. **Preparación.** The **Preparación** activities are a bridge between the simple manipulation required by the drills in the Teacher's Annotated Edition, where students focus on grammar forms and linguistic accuracy, and the **Comunicación,** where the transmission of ideas is the primary goal. Although the **Preparación** activities are set in realistic contexts, the student does not yet give personal or open-ended responses.

- The **Preparación** activities can be used immediately after doing all or part of the drills.

- Students can complete the **Preparación** immediately after the grammar presentation, moving back to the drills in the Teacher's Annotated Edition if more work is needed.

- In some cases, not all of the **Preparación** activities will be needed. It will be possible for students to move more directly into the **Comunicación,** leaving remaining **Preparación** exercises for remedial work.

- Because the **Preparación** activities range from easy to more complicated, you may choose to do selected activities rather than complete the entire section in class. The activities you select will depend on student abilities, class time, and the extent to which students understand various points within the grammar.

- Selected **Preparación** exercises can also be assigned as written homework.

When used in class to improve oral skills, these sections can be completed in various ways.

- Give cues, and have students respond individually or as a class.

- Give a student leader the correct answers, and have him or her complete the activity with the class.

- Divide students into small groups, each of which has a student leader with correct answers. You can circulate to check each group's progress.

- Have students role-play certain activities, especially those in which two people are engaged in a simulated conversation.

Suggestions for modifying or extending the **Preparaciones** are found in the annotations of this Teacher's Edition. You may wish to do some **Preparación** activities with books closed, and others with books open. Those done with books open can then be repeated with books closed. It is important that you "set the stage" for an activity by establishing its context so students readily associate the response with the situation. Attention should be drawn to the model sentence so that students clearly understand their task.

3. **Comunicación.** The **Comunicación** sections of **Entre todos** provide rich and varied contexts in which students express their own ideas. Below are some ways in which communication can be encouraged, as well as some practical suggestions for dealing effectively with the wide variety of communication activities that appear throughout **Entre todos.**

   a. **Encouraging communication.** In a communicative classroom, students use what they know to express their ideas, which should be listened to and valued. Be sure to do communication activities several times throughout the week. Each time they are done, various students respond in different ways, thus creating new practice for everyone.

   b. **Correcting errors.** Because relatively little valid research is available to guide the correction of errors, teachers must rely on their experience, intuition, and knowledge of the students in their class. Some believe students generally do not need to be corrected as long as a native speaker would understand. For them, correction should be limited to those exercises where the production of correct forms is a paramount goal. Others are fairly consistent in identifying and correcting errors of form as they occur. Whatever the case, correction of errors must leave room for students to speak freely and take risks in expressing ideas while maintaining standards that enable the students' language abilities to develop to the fullest.

   Errors can be pointed out to students in subtle ways. If a student says, **Soy mucha hambre,** you can rephrase the statement, **Ah, tienes mucha hambre,** or you can respond with a variation of the correct structure: **Yo también tengo mucha hambre.** Frequently recurring mistakes can be pointed out to the entire class rather than singling out the individual who has made the error. The **error de la semana** can be placed on a chalkboard or bulletin board, and everyone in the class can be corrected if he or she makes that particular error. Students may be encouraged to expect, and to learn from errors. They can, for example, keep a list or flash cards of their errors, correct errors themselves that you have marked, or correct each other's errors. Whatever strategies are used, the classroom environment should encourage students to take risks, to be willing to make errors, and to try to express ideas that are important to them.

   c. **Using small groups.** Small-group work encourages communication and cooperation. Many of the activities in **Entre todos** are easily adaptable to small groups.

   - Communication is more lifelike in small-group work.
   - Students may be more at ease in small groups.
   - Each student talks more frequently in small groups.
   - In addition to providing vocabulary or help when needed, you can participate in—rather than direct—conversations.

The effectiveness of small-group work is largely dependent on the teacher. First, the task should be clearly defined so that students know exactly what they are to do. For example, to ask students to get together to find out each other's favorite school subjects would, for most students, be too unstructured. The questions in the **Comunicación** provide guidance for students. (See p. 284.) Second, the time allotted should be clearly indicated. Students should be given enough time to complete the task without being distracted. Third, students should be responsible for the information found out during their tasks. If they are to ask each other questions, they can report back to the class what they learned about the student(s) interviewed. They can also write a short report. Students could put some of this information on 3" × 5" cards and put them on the bulletin board: **Julio prefiere vivir en el campo porque no hay mucho ruido.** These cards could subsequently be used for a whole-class activity: **¿Dónde prefiere vivir Marta?**

d. **Communication activities.** Here are some of the kinds of communication activities in **Entre todos** and possible ways to use them as whole-class or small-group activities.

Questions / Interview. This consists of a series of questions that students answer or use to interview another student. (See p. 121.)

Sample Activity

A. **Mi juventud.** Answer these questions about your childhood, or use them to interview another student.

1. ¿Cómo eras cuando eras pequeño(a)?
2. ¿Dónde vivías?
3. Cuando tenías ocho años, ¿qué querías ser? ¿Y ahora?
4. ¿Ibas mucho al campo? ¿A la ciudad? ¿Cuándo?

These interviews can be set up with one student asking the questions and the other responding; the roles can then be reversed. In addition, the activity can become more like a conversational exchange if the student answers a question and then asks his or her partner's opinion. Small groups can also be used, in which students start with one question and pass that question round-robin style around the group until everyone has asked and answered the question. The same procedure is followed with the remaining questions.

Students can prepare questions for homework. If the questions are used for in-class interviews, a follow-up activity will encourage students to be responsible for the information learned. Students can share with others the information they learned from their partners (**Raúl vivía en Boston.**). They can take brief notes on their partners' answers and submit them to you, or you can ask for the information orally (**¿Dónde vivía Raúl cuando era pequeño?**).

Interpreting illustrations. This activity format allows students to interact with pictures instead of with text as they communicate their ideas. (See p. 258.)

Sample Activity

E. **Arte ejemplar.** Analiza estos dibujos. ¿Qué ves en cada uno? Usa **por** o **para** para describirlos.

EJEMPLO   El hombre entra por la ventana.
El perro sale por el garaje.

This kind of activity allows for a maximum of creativity on the part of the students. You may have students work individually and give oral or written responses, or have students work in pairs and small groups and make a list of all the different responses. The responses can later be shared with the whole class, at which time you may elicit further responses, asking questions such as, **¿Para qué sale el perro del garaje?**

Completions and Question Formation. Students create sentences, questions, or written assignments based on their own experiences, opinions, or feelings, using suggestions given. (See p. 127.)

Sample Activity

B. **Así son.** Use the following suggestions to tell about people in your class, about your family, or about things you own. Be creative. Use the words below only for ideas.

EJEMPLO   Mi padre es una gran persona.
A mi novio y a mí nos gusta hacer cosas diferentes.

hermano(a)	diferente	hombre
padre	grande	mujer
amigo(a)	nuevo	muchacho(a)
profesor(a)	pobre	fotógrafo(a)
carro	¿...?	persona
¿...?		¿...?

One student might ask a question, such as, **¿Cómo es tu padre?** and then respond to the same question given by the partner before moving to the next question. The symbol ¿...? encourages students to move beyond the suggestions given in the book, and to create questions based on their own thoughts and ideas. The teacher can facilitate this process by providing some additional possibilities beforehand.

As a follow-up activity, you may ask individuals what they found out about their classmates. Another useful follow-up activity is to have students write a short paragraph describing the person they interviewed. Students may either turn in this assignment or read it to the class.

Sentence Builders. Students combine items from different columns to make complete sentences that describe their opinions or experiences. (See p. 202.)

Sample Activity

    C. **¡Año nuevo, vida nueva!** Imagine you are beginning a new year. What do you recommend that your friends and family do differently?

        EJEMPLO   No recomiendo que mis padres se preocupen tanto.
                               Le aconsejo a Julia que no le preste dinero a su novio.

quiero	mi mejor amigo(a)	llamarme a menudo
prefiero	mi profesor(a)	salir contigo
aconsejo	mis padres	invitarme a una fiesta
recomiendo	mis hermanos	prestarme dinero
insisto en	otros estudiantes	¿...?

You can ask students to volunteer sentences or can elicit responses by using the columns given: **¿Qué quieres que tu mejor amigo(a) haga?** If a student says, for example, **Quiero que mi mejor amigo me preste mucho dinero este año,** you can ask another student: **Juan, ¿quieres que tu mejor amigo te preste mucho dinero?** In this way, the statements students create can lead to group discussion.

Several of the activities of this type are structured as writing activities in the text. You may assign them as writing tasks and follow up the next day with an in-class discussion or have students perform in groups or pairs and summarize the results in writing.

Questionnaire/Survey. Students answer a series of questions individually or in pairs, which they later evaluate according to a point scale. (See p. 140).

Sample Activity

    B. **Actitudes.** How much would you enjoy small-town life? Use this self-test to find out if you are suited for country living. Answer each item **sí** or **no**, then analyze your responses, based on the interpretation that follows.

        1. Me gusta levantarme con el sol.
        2. Me encantan las flores, los árboles y el aire puro.
        3. Quiero trabajar con las manos.

This type of activity may be varied in a number of enjoyable ways. You may want to tally the class results and lead students in a discussion of the resulting consensus, or you may want to ask individuals if they agree with the interpretation their answers produce. Also, the questions or statements making up the survey can foster extended conversation between partners completing the activity in pairs. For example, for a student who responds sí to statement 1, a partner might ask, **¿Por qué? ¿No te gusta dormir hasta tarde?**

Hypothetical situations. Students answer according to what their own feelings or reactions would be or ask another student what he or she would do in given situations. (See p. 34.)

Sample Activity

B. Sensaciones y sentimientos. Tell how each of these activities makes you feel. Use the expressions given, or think of your own.

EJEMPLO subirte a la estrella
Me siento mareado.

me da pánico   me hace reír
me da pena   me siento fabuloso(a), aburrido(a)
me da sed   ¿ . . . ?

1. comer palomitas sin tomar ningún refresco
2. ver a los payasos en el circo
3. probar suerte en los juegos y ganar
4. remar en un lago
5. entrar en una jaula de tigres
6. subirte a la montaña rusa

You may assign this activity as writing, in which students describe themselves, or have students interview a classmate and follow up orally or in writing. To extend the activity, you may ask related questions, or add new situations: **Generalmente, cuando vas a los parques de atracciones, ¿pruebas suerte en los juegos? ¿Cómo te sientes cuando pierdes?**

Activities that are especially suitable for writing assignments are marked with a **W.** Writing activities can be done in class with another student or at home. To follow up, you can ask students questions related to their assignment. You may also have students read aloud part or all of their responses to the class. Students could be assigned to find related pictures or articles from magazines and present them to the class (e.g., in a collage or scrapbook format). Writing activities may be extended to games in which the student or group of students with the longest or most accurate list wins.

C. CONTEXTOS CULTURALES

The **Contextos culturales**, which contain information about Hispanic cultures and insights into communication, are independent learning activities. They contain familiar grammar and vocabulary and a limited number of new cognates. Because **Entre todos** encourages active participation by students, the **Contextos culturales** often are accompanied by suggested questions in the Teacher's Annotated Edition that invite students to react to the new cultural information.

The teacher may use the **Contextos culturales** for

- small-group or whole-class discussions

- individual or small-group research in which, for example, students find out more about the legend of Quetzalcóatl in the **Contexto cultural** in **Capítulo 8**

- enrichment material, along with slides, photographs, and realia

- a bulletin-board project with tasks that students must complete or information they must obtain (maps, charts, realia, etc.)

- surveys of friends, family, and people in the community

D. PERSPECTIVAS

The **Perspectivas** introduce a limited number of new words and integrate the chapter grammar and vocabulary into a passage that uses authentic language to give students a wider view of language and theme. As in the **Introducción** passage, a **Comprensión** and a **Comunicación** follow. (For hints on how to teach the **Perspectivas**, the **Comprensión**, and the **Comunicación**, see pp. T11–T19.) If time is limited, you may omit the activities but hold students responsible for the **Perspectivas** vocabulary.

E. PRONUNCIACIÓN

The **Pronunciación** sections offer contextualized practice in pronouncing selected letters and letter combinations. Instructions to the first-year student are simple and direct, and the scope of the **Pronunciaciones** in **Entre todos** covers the basics of pronouncing the vowels, consonants, diphthongs, and unique Spanish letters, as well as the fundamentals of stress and unique Spanish punctuation.

Listening to native speakers is one of the most valuable forms of pronunciation practice, and the tapes of the **Pronunciaciones** can be used to advantage here. Recording and playing back students' voices can also be helpful. Whatever the approach, the emphasis should be on encouraging students to listen attentively to native speakers and to seek to understand and imitate them.

Errors in pronunciation can be treated in the same way as errors in grammar. For suggestions on how to handle error correction, see p. T15.

F. INTEGRACIÓN

The **Integraciones** review the material taught in the chapter through a set of additional activities that integrate the grammar and vocabulary in communicative contexts. The format of the activities is similar to that of activities on the end-of-chapter Achievement Test, and the activities are separated into the four traditional language skills of listening, reading, writing, and speaking in order to ensure a systematic, multifaceted reprise of the newly learned material.

The listening, reading, and writing activities may be used

- in class as a review of the chapter to determine whether students are ready for the Achievement Test, to diagnose areas of weakness that need additional practice, and to increase student confidence prior to taking a test

- as homework to reinforce newly learned material and provide additional practice; the activities may be assigned individually as each topic is covered

- as independent small-group work that can free you to spend time doing remedial oral work with other students as needed

- as an alternate to the end-of-chapter Achievement Test when needed for makeup grades; individual activities from the **Integración** may substitute for activities on the Achievement Test at your discretion

- as additional in-class activities to supplement or replace **Preparación** or **Comunicación** activities at your discretion

Each **Integración** culminates in a set of two or more **Situaciones,** or situational role plays, that challenge students to use their speaking skills in a spontaneous lifelike setting that is carefully controlled to elicit known structures and vocabulary. These **Situaciones** may be used

- to check students' proficiency in speaking; the **Situaciones** may be used for an oral grade in conjuction with or separately from the achievement test; you may assign group or individual grades. For further suggestions on how to score performance in speaking, see "Testing and Evaluation," pp. T29–T31.

- as ungraded challenging activities to motivate students to see the value of being able to communicate about everyday concerns

In either case, the **Situaciones** should be as natural and spontaneous as possible. Here are some suggestions for getting the most from a **Situación**.

- Students may prepare for a situation by studying the topic, discussing it among themselves, and taking brief notes. They should be discouraged from writing their lines word for word and then reading them.

- Encourage students to use props, whether real items or magazine pictures and cutouts, to increase the feeling of realism when role-playing the situations.

- Students should stretch their skills by extemporizing as their experience allows, but should be redirected to learned structures and vocabulary if they overreach themselves.

- Students should listen and observe as others perform their situations. Good listening leads to greater proficiency in the other skills. You might ask the class at large to summarize or discuss a small-group performance as a follow-up to a situation.

- Accuracy should be fostered during situational role plays, but error corrections should be discreet during actual performance, when spontaneity and naturalness of speech are a primary goal. You might select common errors from a performance and target them in remedial work at a different class time.

A well-managed situational role play can enhance your Spanish class by giving students the opportunity to see just how much they can do, to observe their own progress from chapter to chapter, and to see how the linguistic functions they are learning can be applied to the real world.

G. VOCABULARIO

The vocabulary at the end of each chapter contains the new words in the **Introducción,** in the **Presentación** grammar topics, and in the **Perspectivas.** Any unfamiliar vocabulary items appearing in the **Contextos culturales** are defined within the reading text. These are not included in the list of active vocabulary, and students are not expected to use them in subsequent sections of the book.

The lists are organized in both grammatical and thematic categories to help students learn efficiently. Because vocabulary is amply recycled throughout, the lists may serve simply as a reference or as review for chapter tests.

You may encourage active use of vocabulary words by having students

- make up sentences containing the words that they have not yet mastered
- practice vocabulary in small groups with flash cards
- find visuals of the words for vocabulary packets that they can then use for review
- prepare vocabulary posters, mobiles, pictograms, or collages to decorate the classroom
- use word games such as Lotto and Password to review thematic vocabulary such as food, sports, and school subjects
- use groups of words to make up original dialogues and skits
- organize lists of words into their appropriate thematic categories (e.g., house and furniture) or put words into other categories (e.g., forms of transportation in the city)
- act out the meanings of appropriate groups of words (e.g., animals, aquatic activities)
- act out simple or combination commands that add a few new words to previously learned vocabulary

H. GACETAS

The **Gaceta** found after every third chapter offers special opportunities to challenge students with high-interest, authentic reading selections that demonstrate how to acquire and apply specific reading skills in Spanish. The selections, taken from a variety of authentic sources including magazines, directories, and newspapers, cover a wide range of formats and topics. While they challenge students to infer the meaning of unknown vocabulary and structures from context without the aid of a glossary, the **Gacetas** have been carefully compiled to ensure students of every chance of success based on their expected level of proficiency.

Each **Gaceta** focuses on a particular set of reading strategies, such as recognition of cognates, previewing for author's intent, and guessing meaning from context. Within the **Gacetas,** each selection is accompanied by a set of activities that guide the students to read for meaning while avoiding pitfalls such as word-for-word translation or answering questions without understanding basic content. These activities are designed to permit students to work with a minimum of teacher direction. This allows individuals or small groups to explore interesting materials in class while other students focus on oral testing, remedial work, or other tasks that require a great deal of teacher intervention. Checking the answers to the activities, which are printed as teacher's notes in the Teacher's Annotated Edition, will allow you to determine whether students have made the best use of the time they spend with the **Gacetas**.

The **Gacetas** can be used

- by advanced students at home or in their free class time

- by Spanish-speaking students who need to improve their reading skills

- by students who wish to earn bonus credit

- by the whole class as a "breather" activity between chapters

When using the **Gacetas** in class, you may wish to discuss the targeted reading strategy with students and do one of the selections together. When you ask students to read aloud, remember that they may be concentrating on pronunciation rather than on meaning and that they may encounter unfamiliar vocabulary and grammar. You may wish, instead, to have students read silently. Here are some other suggestions for getting the most out of the **Gacetas**.

- Allow students to complete the readings at their own natural pace—browsing, skimming, and analyzing freely as they would outside the classroom.

- Encourage students to complete the activities without using a dictionary or trying to decode the meaning of every word, but allow them to use a dictionary after completion of the task to expand their vocabulary.

- Use the readings as a point of departure for class discussions after the activities have been completed, when your role as a teacher can become more active again.

- Encourage students to find similar selections at home or at the library and to practice applying their newly learned skills with texts they have chosen. In-class reports could lead to stimulating discussions and activities that would allow the entire class to benefit from a few individuals' performance.

In addition to teaching reading strategies, the **Gacetas** offer unique insights into the culture and life-styles of Spanish speakers from around the world and from many walks of life. For many students, the **Gacetas** will represent a rare chance to perceive how Spanish speakers see themselves.

III. Using the Components of *Entre todos*

A. PUPIL'S EDITION. The student textbook encourages active student participation from the beginning and supplies a variety of types of activities in each of the four skills. You will find abundant practice of listening, speaking, reading, and writing, as well as information on culture and the structure of language. Activities specifically designed for listening comprehension are marked **L**, while those for writing are marked **W**. Those exercises marked with a **W** and a cassette symbol are dictations. Passages and comprehension exercises that are on tape are also marked with a cassette symbol.

B. TEACHER'S ANNOTATED EDITION. In addition to a general introduction, abbreviated scripts of the taped listening activities in the Pupil's Edition, and specific information about **Entre todos**, the Teacher's Annotated Edition contains the complete student edition with annotations that suggest ways in which activities may be modified for small-group work or adapted to special students, follow-up activities, cultural information, quick-reference answers to activities, and specific notes for particular grammar presentations. The notes are not prescriptive; they are simply suggestions for ways to modify or complement activities.

C. WRITING ACTIVITIES. The contextualized grammar exercises and communication activities in the Writing Activities for **Entre todos** are coordinated with the grammar presentations in the textbook and give students additional opportunities for written communication. The activities range from simple to complex, allowing you to assign material commensurate with the needs of the class or individual students. Answers to these activities are found in the Teacher's Edition of the Writing Activities. The new edition contains word games in each chapter that teach useful vocabulary and skills in an enjoyable manner.

D. LISTENING ACTIVITIES. The taped activities in the Listening Activities give the student additional practice in aural comprehension and pronunciation. Answers to the activities and an abbreviated tape script are found in the Teacher's Edition of the Listening Activities. In the new edition, you will find a series of popular or folkloric Spanish songs that provide unique insights into Hispanic culture through an attractive and universal medium.

E. TESTING PROGRAM. The Testing Program consists of short Quizzes, chapter Achievement Tests, and a Final Exam. There are three short written quizzes per chapter—one covering **Exploraciones 1–2,** one covering **Exploraciones 3–4,** and one covering vocabulary. These formative quizzes are designed to check mastery of basic concepts and skills. They are highly structured, grammar-oriented, discrete-point, and comprehensive tests that may be used to diagnose strengths and weaknesses before administering the end-of-chapter Achievement Test.

Each of the 12 chapters has an end-of-chapter Achievement Test that tests listening, reading, and writing in a more global, integrated, and communicative manner.

A final exam tests students over the material of **Capítulos 2–12**.

None of the tests prescribes test formats, but rather they show a variety of ways in which understanding of grammar and vocabulary may be evaluated. They may be used as presented or modified to fit particular needs according to the amount of class time available and student abilities. Answers to all tests and an abbreviated tapescript of the listening sections are found in the Teacher's Edition of the Testing Program.

F. TAPE PROGRAM AND TAPE MANUAL. The Tape Program is available on cassettes. The program consists of tapes of (1) listening activities from the Pupil's Edition, (2) the Listening Activities workbook, and (3) the Testing Program. Taped passages and activities in the Pupil's Edition are marked with a cassette symbol. The Tape Manual provides the complete scripts of all the taped exercises. The various listening components have been recorded on separate sets of tapes for greater ease in locating the desired activity.

G. TRANSPARENCIES. The four-color transparencies are organized by chapters and coordinated with the vocabulary introduced in each of the 12 chapters. The transparencies contain visual representations of vocabulary items in the text as well as reproductions of selected activities which incorporate visuals in a way that promotes meaningful communication. The unlabeled depictions may be used to present vocabulary, to quiz students, or for games or other classroom activities.

H. MAP TRANSPARENCIES. The colorful Map Transparencies with multiple overlays can be used to present information about political divisions and geographical aspects of Spanish-speaking regions.

I. ADDITIONAL ACTIVITIES AND CULTURAL ENRICHMENT. In this booklet, which is keyed to the chapters of the Pupil's Edition, there are short descriptions of aspects of Spanish culture and activities that involve the students in making an active response to cultural insights and settings. A set of refreshing, creative, fun activities correlated to each chapter and separated by language skill provides the opportunity to go beyond the normal classroom routine and explore the possibilities of games, video, and a variety of other motivational activities.

J. SPECIAL ADAPTATIONS. This guide contains suggestions for adapting **Entre todos** for use with native speakers, as well as additional activities especially geared to them.

K. COPYING MASTERS. Copying Masters are available to supply charts for selected activities in the Pupil's Edition. They include blank schedules, answer charts for listening exercises, and other useful formats.

IV. Further Development of Language Skills

A. LISTENING. Listening is a skill that pervades all classroom activities. Students are constantly listening to and reacting to the teacher or to other students. In addition to using the specific listening activities (marked **L**) found in the Pupil's Edition and those provided by the Tape Program and Listening Activities, teachers can easily prepare additional listening comprehension activities.

- Corrected student compositions can be read aloud, preferably anonymously, although students are usually pleased to have their work selected. In addition, you can ask comprehension questions of your own or use questions that you have had students prepare.

- Skits and rewrites of dialogues can be put on audiotape or videotape and subsequently used as listening practice in several classes.

- Students should be encouraged to listen closely to each other. If students have named the sports they enjoy, you can ask them to remember what sport each one preferred. Students can also comment on the statements made by others: **¡Yo también! ¡A mí no! ¿Verdad?**

- You might interview a student or have students interview one another in front of the class. The remaining students can listen and then summarize the conversation orally or in writing. These conversations could also be taped ahead and played later.

- You may want to assign special projects in which students tape short excerpts from literature, such as a well-known poem or passage from a simple short story. You might also assign outside projects such as interviews with native speakers or dialogues around a certain topic that two or more students create. This might include a radio or TV interview, sports broadcast, news announcement, or dramatic reading. Students can include authentic background music or sounds and present them in recorded form for the class.

- You may wish to assign students to create a mock telephone conversation that pairs of students would present in front of the class. Real telephone sets could be included in this activity to create an authentic atmosphere.

- You might also bring in a recording of a currently popular Latin or Spanish song and provide a handout with accompanying lyrics. Each chapter of the Listening Activities closes with a song that is also recorded on the corresponding cassette.

B. WRITING. Students are provided numerous writing activities (marked **W**) in the Pupil's Edition and also in the Writing Activities. If students need more practice in acquiring grammatical accuracy, they can also write the answers to many of the speaking activities in the **Preparaciones** and **Comunicaciones**. Dictations found in each chapter help students learn to spell and to predict grammar structures and vocabulary.

Answers to **Comprensión** questions can be written out and turned in. You may wish to ask students to write a base sentence: **Voy al cine.** After checking the accuracy of their sentences, they are asked to change the base sentence in a variety of ways: change the subject of the verb, put a sentence in the negative or the interrogative, or change the tense of a verb. In addition, new communicative activities that expand students' writing skills may be found in the Writing Activities, in the Additional Activities and Cultural Enrichment, and in the Special Adaptations.

In addition to using the writing provided in the **Entre todos** program, you can encourage writing for communication in other ways.

- Graffiti walls or chalkboards could be provided in the classroom or in the hallway, where students write slogans and comments in Spanish.

- Students could write to pen pals. (Contact the Oficina Nacional de Correspondencia, Mr. James M. Fonseca, Molloy College, 1000 Hempstead Ave., Rockville Centre, New York, New York 11570.

- Even at early levels of language instruction, class newsletters could be prepared using results of interviews conducted in class, interviews with native speakers in the school or community, and news items about the Spanish-speaking world. Upper-level students could help edit and prepare these newsletters.

- Bilingual announcements about Spanish Club activities could be placed around the school.

- Students, especially those who are native speakers, could be encouraged to keep a personal journal.

C. **READING.** To learn to read, students need to read and to check their comprehension. **Entre todos** provides many such opportunities. The **Introducción** and **Perspectivas** can be assigned as reading, and the **Comprensión** used to check understanding. The **Gacetas** provide stimulating authentic texts and reading tips that provide strategies for developing reading skills. Annotations in the Teacher's Edition furnish abundant suggestions for pre-reading and postreading activities specific to each passage or selection.

We know that reading is neither a passive activity nor a receptive skill, but rather a process in which the reader is actively involved with the meaning of the printed page. Successful readers do not read word for word, but instead grasp the meaning of phrases and sentences. Here are some suggestions for helping your students become good readers.

- Give them practice in contextual guessing. Put texts on copying masters, leaving out words, and have students fill in the missing words, with or without cues.

- Point out cognates, word families, and prefixes and suffixes wherever possible.

- Encourage students to read a passage, skimming first for the general content and then scanning for more specific information.

- Remind students to anticipate the content by looking at titles, visuals, and photographs.

- Tell students that words such as **hoy, ayer,** and **mañana** are cues that will help them recognize verb tenses as well as the sequence of events.

- Encourage students to apply the reading skills developed in the **Gacetas** to actual Spanish texts. Even though they may not understand everything, they will be able to grasp a surprising amount.

- Use student compositions and reports of oral interviews for reading practice. They will enjoy reading about themselves and their friends.

Remember that reading aloud requires the student to pay attention to intonation and pronunciation rather than to concentrate on meaning. Nonetheless, reading aloud has a place in pronunciation and intonation practice if balanced with reading for comprehension.

D. SPEAKING. To learn to speak, we must practice speaking. Although there is no magical transfer from any other skill, skills may be combined during practice. Many oral activities can be done with books open, thus accommodating different learning styles and enhancing learning possibilities. We therefore recommend flexibility in deciding how communication activities are best done.

In addition to the ample speaking practice they receive in **Entre todos,** students can speak Spanish with their friends at school (perhaps at a conversation table in the cafeteria) or on the telephone (you can assign partners). Students can even teach some Spanish to their parents and to siblings, thereby further reinforcing their own knowledge. If native speakers live in the community or if exchange students are studying at your school, they can visit the class and talk about life in their countries and their impressions of the United States. Even at early levels, students can address simple questions in Spanish to the visitor, who can be encouraged to respond in simple language. Also, students in advanced classes can engage in small-group conversations with first-level students, thus showing beginning students the results of further language study and providing advanced students with a chance for further practice. If possible, activities relating to Spanish Club or class activities can be given in Spanish (and then in English) over your school's public address system.

V. Different Levels and Modes of Learning

A. DIVERSITY OF LEARNING STYLES. Every effort has been made to ensure that students practice new structures in varied modes—with visual, written, and oral cues. To accommodate the variety of learning styles among students, it is advisable to select activities in a variety of modes and styles. Students who advance more quickly and work well on their own may spend more time working on the **Comunicación** section or doing supplemental activities from the Writing Activities or Listening Activities or from the Additional Activities and Cultural Enrichment. Students who learn less quickly may spend more time practicing or writing answers to exercises from the **Preparaciones**.

B. **SPANISH-SPEAKING STUDENTS.** Spanish-speaking students will benefit from different approaches, depending on their backgrounds. Here are some common problems faced by such students as well as some suggestions for overcoming them.

- Students who can read and comprehend spoken Spanish but who do not speak it may benefit from reading aloud and practicing speaking in contexts that build self-confidence. You may have them work in small groups on speaking exercises from the **Integraciones,** the Additional Activities and Cultural Enrichment, or the Special Adaptations.

- Students who speak a nonstandard dialect of Spanish or whose pronunciation is somewhat Anglicized will benefit from reading and listening to standard native Spanish in many contexts. Rather than disparage the Spanish these students speak among friends and family, encourage them to see the value of standard Spanish in business and other formal social settings. You may also assign them the more challenging readings and activities; there are ample suggestions in the Teacher's Annotated Edition and in the supplements found in your Teacher's Resource Binder.

- For students who can understand and speak Spanish but cannot read or write it, you may point out that they can transfer their English reading skills to Spanish. You may assign them additional reading and writing practice, of which there is an abundance throughout the program. Such students might benefit especially from the guided reading practice found in the **Gacetas**. You may also ask them to keep a personal journal.

Spanish-speaking students will benefit from cultural projects that build pride in their Hispanic heritage. Throughout the Teacher's Annotated Edition, there are suggested special projects for your Spanish-speaking students.

VI. Testing and Evaluation

The emphasis on communication in today's language classroom has led to an increasing interest in research concerning the evaluation of students' ability to communicate. We have incorporated this new knowledge in the preparation of the tests following these guidelines.

- Unlike more traditional formats that normally test isolated bits of language, communicative tests attempt to evaluate the student's ability to bring together various elements of a given chapter as well as the material in preceding chapters. Therefore, parts of the Achievement Tests require the student to show understanding of several learning objectives. The short Quizzes test specific grammar points or learning objectives and can be given periodically as the class progresses through a chapter. These easy-to-grade Quizzes identify specific learning problems, whereas the chapter Achievement Tests assess the student's ability to integrate the material.

- Each Achievement Test contains sections that deal with the student's ability to read, write, and understand the spoken language. The written portion consists of an easy-to-grade required writing section as well as an optional open-ended writing section, which evaluates the students' ability to express themselves in a more creative and communicative way. Available teacher time often precludes frequent formal testing of oral skills. The following section offers some suggestions for evaluating speaking skills within the framework of the **Entre todos** program.

A. Evaluating Speaking

The ability to express oneself orally in Spanish is an important classroom goal for most teachers and can be tested formally or informally. Teachers may give students a daily or weekly oral communication grade based on the amount of communication the student engages in, the quality of what he or she says, and the improvement shown throughout the period. Although this type of grade is subjective, it nevertheless provides a regular means of evaluating a student's oral performance. **Entre todos** offers the following possible ways of testing oral achievement.

- The **Vamos a hablar** section of the **Integración** may be used for oral testing as is or with some modification.

- Students may describe visuals or photographs. The chapter vocabulary visuals, for example, can be used for a short oral quiz. Students can be asked to provide the word for each of the depictions or to respond to questions about them.

- Students can assume a role, respond to a short series of questions, or speak extemporaneously on topics chosen from a chapter—for example, family life **Capítulo 6** or the arts **Capítulo 7**.

- Personalized questions may be used to evaluate speaking. Students respond to a series of questions, which may be based on interviews or other activities from the **Comunicación**.

The ability to ask questions is another important skill that may be evaluated in a formal test. Students may ask questions based on a series of Spanish or English cues: For example, "ask another student (1) how he or she is, (2) if he or she works a lot, (3) if he or she listens to records."

Although all of these formats are valid for testing speaking, the last two (asking and answering questions) are of particular importance to beginning language students.

B. General Scoring Suggestions

Testing for communication requires a reevaluation of grading. When students fill in a blank, grading is simple because answers are predictable. When students communicate a personal message, evaluation is less clear-cut because students are free to write or say whatever they wish as long as they use vocabulary they know and respond appropriately to the question. The following suggestions may help you determine the type of scoring best suited to you and your students.

- When students choose from a vocabulary list to fill in the blanks of an incomplete sentence or paragraph, one point may be given for the correct choice of word and another for its correct form (for example gender, number, or verb ending). Partial credit allows students to be given points for what they do know and to be penalized only for what they do not know.

- In communicative testing, students may be given half credit for adequately transmitting an appropriate response and half credit for properly using grammar and vocabulary. This allows students to be rewarded for conveying an adequate message while being reminded that the correct use of grammar and vocabulary is important.

Scoring Information for a Speaking Test: Answering or Asking Questions. Use the scale below to evaluate each response or question on a speaking test. Do not hesitate to assign scores such as 2½ or 1½ if you feel comfortable with more differentiation in the scale.

4 points	**Excellent.** The student's response or question is appropriate and grammatically correct, with acceptable pronunciation and fluency.
3 points	**Good.** The student's response or question is appropriate and comprehensible but contains minor errors in pronunciation and/or grammar.
2 points	**Fair.** The student's response or question contains faulty grammar and poor pronunciation but is comprehensible.
1 point	**Poor.** The attempted student response is largely incomprehensible or inappropriate.
0 points	**Failing.** No response was given.

VII. *Entre todos* Leads to Proficiency

Developing proficiency, or the capacity to use language in a meaningful and functional way, is the aim of the Holt foreign language series. The emphasis throughout is on fostering genuine communicative ability, guiding the student from structured introductory practice to open-ended, personalized communication. Language is taught not as meaningless, memorized utterances, but as meaningful communication relevant to real situations.

Implementing a proficiency-oriented classroom requires thoughtful planning and execution. Perhaps the most important ingredient in this transition is the textbook series that is adopted. **Entre todos** and **¿Y tú?** are ideally suited for use with proficiency guidelines. Many school systems have also developed their own guidelines for evaluating proficiency, and professional organizations such as The American Council on the Teaching of Foreign Languages have developed proficiency guidelines. (The ACTFL *Provisional Proficiency Guidelines* are an adaptation of the United States Foreign Service Institute's evaluation scale.) Such guidelines may be used to help evaluate students' abilities, or they may inspire you to develop your own standards to suit your curriculum and students. The evaluation standards used can be converted into points and blended with the test procedures described in this Preface to accommodate your school's grading procedures.

Abbreviated Tapescripts

Capítulo 1

ST-3, page 7 B. ¡Qué desorden!
1. ¿Este vestido es de Sara? (**Sí, es su vestido.**)
2. ¿Esta grabadora es de ustedes? (**Sí, es nuestra grabadora.**)
3. Jaime, ¿ésta es tu tarjeta? (**No, no es mi tarjeta.**)
4. Pedro, ¿éstos son tus libros? (**Sí, son mis libros.**)
5. Jaime, ¿la camiseta es de Belinda? (**No, no es su camiseta.**)
6. ¿Éstas son las cintas de Sara? (**Sí, son sus cintas.**)
7. ¿El radio es de ustedes? (**Sí, es nuestro radio.**)

ST-4, page 20 A. Una fiesta
1. ¡No lo creo! Marta y Susana insisten en preparar una paella también. (**hoy**)
2. Tú y yo sólo comemos comida sana, ¿verdad? (**hoy**)
3. Ellos se divirtieron mucho. (**ayer**)
4. Los padres de Mariela nos permitieron usar el tocadiscos. (**ayer**)
5. Escucharon los discos de Celia Cruz y bailaron. (**ayer**)
6. Constanza decidió salir temprano. (**ayer**)
7. Jorge comió casi toda la comida. (**ayer**)
8. Yo sólo bailé tres veces. (**ayer**)
9. Ernesto y Laura prefieren no comer. (**hoy**)
10. Tú te sientes bien, ¿verdad? (**hoy**)

Capítulo 2

ST-7, page 33 A. ¿Dónde estás?
1. Nos encanta observar todos los animales exóticos. (**el zoológico**)
2. Algún día me gustaría ser trapecista. (**el circo**)
3. Mi novia tiene ganas de hacer un picnic. (**el parque natural**)
4. Visitar la jaula de los monos es muy divertido. (**el zoológico**)
5. Me fascina subirme a los aparatos. (**el parque de atracciones**)
6. Los payasos siempre me hacen reír. (**el circo**)
7. Te va a fascinar la exposición de carros antiguos. (**la feria**)

ST-8, page 33 B. ¡Exprésate!
1. ¡No tengas miedo! El carrusel no es muy peligroso. (**lógico**)
2. ¡No seas aguafiestas! Me encantan los aparatos y no quiero volver a casa. (**lógico**)
3. Me siento muy mal, ¿tú sabes?, muy mareado. Quiero subirme otra vez a las sillas voladoras. (**ridículo**)
4. ¡No seas cobarde! Las raspadillas no cuestan mucho. (**ridículo**)
5. Claro que te va a gustar el parque de atracciones. ¡No seas tonto! (**lógico**)
6. A mí me dan pánico los aparatos peligrosos. Prefiero subirme a la montaña rusa. (**ridículo**)

ST-9, page 38 F. ¿A quién le toca?
See page 38 for answers.

ROSA ¿Quién quiere subirse a la estrella?
NIÑOS Yo sí, y yo... y yo también quiero, Rosa.
ROSA Bueno, hay un pequeño problema. Sólo me quedan doce pesos y cuesta diez pesos subirse. ¿A quién le toca subirse?
PABLO A mí, Rosa. ¡Me toca a mí!
JORGE Rosa, no es verdad. A Pablo no le toca ni a mí tampoco. Nosotros ya nos subimos.
ROSA ¿Ah sí, Jorge? Bueno, Pablo, ¿por qué me dices mentiras? Eso me molesta mucho, ¿sabes?
PABLO Lo siento, Rosa.... Jorge, un día de estos, te voy a...
ROSA Bueno, no importa. Pepito, te toca a ti entonces. ¿Quieres subirte a la estrella?
PEPE Sí, tía. ¡La estrella me parece fabulosa!

ST-10, page 41 A. ¿Quién tiene razón?
1. ¿Viste, José? Yo sí puedo correr tan rápido como tú. (**correcto**)
2. Claro que mi perro es tan pequeño como tu perro. (**correcto**)
3. ¡Qué comilón eres! Yo nunca como tanto como tú. (**incorrecto**)
4. Vas a ver. Tú no eres tan fuerte como yo. (**incorrecto**)
5. Esta semana yo leí tantos libros como tú. (**correcto**)

ST-11, page 47 A. Costumbres y tradiciones

1. Se venden en los parques de atracciones de los Estados Unidos. (**los perros calientes**)
2. Se comen generalmente cuando hace mucho calor. (**las raspadillas**)
3. Se encuentran en los circos y en los zoológicos también. (**el tigre y el elefante**)
4. Generalmente, no se compran en las ferias en los Estados Unidos. (**las empanadas**)
5. Este lugar es muy peligroso y, por eso, se prohíbe entrar en él. (**la jaula del tigre**)

ST-12, page 49 F. La memoria de los niños
See Copying Masters.

1. Dice mi papá que <u>en el parque de atracciones se encuentra una montaña roja.</u>
2. No quiero entrar en <u>el salón de espejos porque se puede ver un fantasma.</u>
3. Dice mi hermana que en <u>la feria se puede probar suerte en las jaulas.</u>
4. ¿Es verdad, papá, que <u>en el zoológico uno se puede subir a una estrella?</u>
5. ¿Sabes una cosa, mami? En <u>el circo se vende una comida que se llama globos de algodón.</u>

ST-13, page 54 F. ¿Flor o crítica?

1. Antonio y Jorge saben los mejores chistes del mundo. (**flor**)
2. Mi mamá es la persona menos nerviosa del mundo. (**flor**)
3. Los jugadores de nuestro equipo son los peores de la escuela. (**crítica**)
4. Isabel es la más falsa de todas las chicas de mi clase. (**crítica**)
5. Las cantantes del grupo Buena Vida son las peores de todas. (**crítica**)
6. El señor Blas es el profesor de matemáticas más paciente. (**flor**)
7. La música que escucha mi hermano es la mejor del mundo. (**flor**)
8. Daniel es rico, pero es el más tacaño de toda la escuela. (**crítica**)

ST-17, page 60 A. Oí por casualidad...

1. Primero que todo voy a comprarme una raspadilla. (**una feria**)
2. Mi hermana dice que los payasos son comiquísimos, sí, muy buenos. (**un circo**)
3. Si voy con ustedes, no me voy a subir a ningún aparato peligroso. ¡Me puedo morir! (**un parque de atracciones**)
4. Te va a gustar mucho. Tiene playa y también se puede pasear en bote. (**un lago**)
5. La última vez que fui, gasté más de tres mil pesos en los juegos y no gané nada. (**una feria**)
6. El año pasado el espectáculo de los elefantes me dio tanta lástima que no sé si voy a volver este año. No me gusta verlos sufrir. (**un circo**)
7. ¿Qué te parece si hacemos un picnic después de ir de excursión al bosque? (**un parque**)
8. Sí, claro que me gustaría acompañarte. Además, las palomitas que venden ahí siempre son muy buenas. (**un cine**)

ST-18, page 61 B. El mejor cantante.
See Copying Masters. Answers are on page 61.

MANUEL ¿Cuál de los cantantes prefieres, Susana? En mi opinión, Rubén Blades es el mejor. Canta con ritmo y tú sabes cómo a mí me gusta bailar.

SUSANA Sí tiene buen ritmo Blades, pero yo prefiero las canciones de amor. Por eso, pienso que José Luis Perales es el mejor de todos. Sus canciones son muy alegres. Es un poeta de verdad.

MANUEL Claro, sus canciones son poéticas pero son demasiado idealistas, ¿no te parece? Para mí Juan Manuel Serrat es un mejor poeta. Es más realista.

SUSANA Puede ser, pero no me gusta mucho Juan Manuel Serrat.

MANUEL Ay, Susana. ¡Qué exigente eres! ¿Por qué no te gusta Serrat?

SUSANA Es demasiado filosófico e intelectual. Por eso, para mí es el peor de todos. Y Rafael, ¿qué te parece?

MANUEL Bueno, sé que Rafael es un cantante muy popular, pero es el que menos me gusta porque, no sé, para mí sus canciones ya son poco originales.

Capítulo 3

ST-21, page 70 A. ¿Qué haces primero?

1. ¿<u>saludar a los invitados</u> o despedirse de ellos?
2. ¿<u>limpiar y arreglar la casa</u> o poner música para los invitados?
3. ¿hacer la fiesta o <u>hacer los planes</u>?
4. ¿<u>hacer las compras</u> u ofrecerles comida a los invitados?
5. ¿colgar los adornos o <u>mandar las invitaciones</u>?
6. ¿<u>charlar y reírse</u> o despedirse de los invitados?
7. ¿<u>preparar los bocadillos</u> o comerlos?

8. ¿vestirse para dormir o <u>despedirse de los invitados</u>?

ST-22, page 72 **B. El bebé**
1. ¿Cuánto tiempo hace que lo acostaste? (**d, dos horas y media**)
2. ¿Cuánto tiempo hace que empezó a llorar? (**e, una hora**)
3. ¿Cuánto tiempo hace que tomó la leche? (**f, cuarenta y cinco minutos**)
4. ¿Cuánto tiempo hace que lo cambiaste? (**c, tres horas**)
5. ¿Cuánto tiempo hace que comió algo? (**b, tres horas y media**)
6. ¿Cuánto tiempo hace que lo bañaste? (**a, cuatro horas**)
7. ¿Cuánto tiempo hace que te dormiste tú? (**g, quince minutos**)

ST-23, page 80 **B. La última vez**
Answers will vary.
1. La última vez que le explicaste a un profesor por qué llegaste tarde a clase, ¿dijiste la verdad o una mentira?
2. La última vez que hablaste con otro estudiante en la clase de español, ¿dijeron ustedes algo en inglés o español?
3. La última vez que les pediste dinero a tus padres, ¿dijeron que sí o que no?
4. La última vez que tu mejor amigo o amiga habló contigo, ¿dijo algo tonto o algo serio?
5. La última vez que un profesor te pidió tu opinión personal, ¿dijiste la verdad o una mentira?

ST-24, page 84 **D. Rosa y Simón**
1. La colección de monedas es la suya. (**Es de Simón.**)
2. Los discos de Mozart son los suyos. (**Son de él.**)
3. Las estampillas son las suyas. (**Son de Simón.**)
4. La casa suya es antigua. (**Es de los dos.**)
5. El paracaídas y la canoa son los suyos. (**Son de Rosa.**)

ST-25, page 88 **A. Costumbres**
1. Nosotras casi nunca salíamos solas por la noche. (**pasado**)
2. Mis amigas me visitaban en casa los fines de semana. (**pasado**)
3. Juego volibol en un equipo con mis amigas de la escuela. (**presente**)
4. Mis familiares hacían muchas fiestas alegres. (**pasado**)
5. No teníamos que limpiar la casa ni cuidar el jardín. (**pasado**)
6. Mi novio me escribe cartas muy románticas. (**presente**)
7. Todos los sábados vamos al supermercado. (**presente**)
8. Yo vivía con mis tíos en el campo mientras mis padres trabajaban en la ciudad. (**pasado**)
9. Las amigas de mi tía venían a casa todos los días. (**pasado**)
10. Mis padres pasan más tiempo dentro de la casa. (**presente**)

ST-26, page 91 **E. Mala suerte**
Mientras yo te llamaba a ti por teléfono, tú me llamabas a mí. Y cuando yo salía a buscarte a la biblioteca, tú tomabas el autobús para irte a mi casa. Mientras yo volvía a casa, tú me buscabas por todos los cuartos. Entonces, mientras tú abrías la puerta para salir, yo la abría para entrar. Por fin, nos encontramos.

ST-30, page 97 **A. Artistas musicales**
See page 97 for answers.

JULIÁN ¿Qué les parecieron a tus padres nuestras canciones, Carlos?
CARLOS No les gustaron las mías, Julián, y de las tuyas no dijeron nada.
JULIÁN Pero, ¡son mejores que las canciones que introdujeron los Beatles hace veinticinco años!
CARLOS Es que a ellos tampoco les gustaron las canciones de los Beatles. Eso me dijeron. Es más, mi mamá dijo que no quiere oír más música nuestra.
JULIÁN ¿Ah no?
CARLOS Lo siento. Tenemos que practicar en otro lugar. Sé que trajiste los instrumentos y todo pero...
JULIÁN Pues, no importa. Como ya te dije, si a los viejos no les gusta nuestra música, ¡a los jóvenes les va a fascinar!

ST-31, page 98 **B. La vida es así**
See Copying Masters. Answers are on page 98.

De niña me encantaba ir de vacaciones a la playa y esquiar en las montañas. Ahora prefiero otra clase de vacaciones como, por ejemplo, visitar países extranjeros.

De pequeña yo tenía un gato amarillo al que

llevaba siempre conmigo. Yo tenía miedo de los perros y no jugaba nunca con ellos. Pero con el tiempo aprendí que un perro es un buen compañero y ya tengo dos. Ahora son los gatos los que me parecen antipáticos.

El año pasado me mudé a mi propio apartamento. Parece mentira que antes me quejaba tanto de las reglas de mis padres. Me aburría tanto quedarme en casa y mis padres no me dejaban salir hasta tarde con mis amigos. En cambio, ahora me encanta estar sola con mis libros de poesía o charlar tranquilamente con los amigos en mi apartamento.

Hay otro cambio notable también: de niña me fascinaban los amigos de mi hermana mayor; ahora considero que los míos son los mejores del mundo.

Capítulo 4

ST-34, page 115 B. En mi granja
1. vacas (**sí**)
2. caballos (**sí**)
3. leones (**no**)
4. monos (**no**)
5. gallinas (**sí**)
6. ranas (**no**)
7. cabras (**sí**)
8. cerdos (**sí**)
9. tigres (**no**)
10. gorilas (**no**)
11. pollitos (**sí**)
12. elefantes (**no**)
13. ovejas (**sí**)
14. gallos (**sí**)

ST-35, page 115 C. Los animales de la granja
1. pío pío pío... pío pío pío (**el pollito**)
2. guau guau... guau guau (**el perro**)
3. beee beee... beee beee (**la cabra**)
4. cuao... cuao (**la rana**)
5. muuu... muuu (**la vaca**)
6. oinc oinc... oinc oinc (**el cerdo**)
7. miau... miau (**el gato**)
8. qui qui ri quí... qui qui ri quí (**el gallo**)
9. cua cua cua... cua cua cua (**el pato**)
10. meee meee... meee meee (**la oveja**)
11. jiii... jiii (**el caballo**)

ST-36, page 119 A. ¿Qué había?
1. ¿Había cerdos y vacas en tu granja? (**sí**)
2. ¿Había un lago cerca de tu casa? (**sí**)
3. ¿Había un bosque también? (**no**)
4. ¿Había otras granjas donde vivías? (**sí**)
5. ¿Había gallos que despertaban a los campesinos? (**sí**)
6. ¿Había buenas calles donde vivías? (**no**)
7. ¿Había montañas? (**no**)

ST-37, page 126 D. Diversas impresiones
1. MARÍA ¿Con quién vas a comer?
   CECI Con Soledad. Es una vieja amiga mía. (**sí**)
2. CECI Para mañana tengo que escribir algo sobre una gran mujer.
   MARÍA ¿Qué tal Sor Juana? (**sí**)
3. MARÍA Ay, mi pobre novio. No puede asistir a la fiesta.
   CECI ¡Qué lástima! (**no**)
4. CECI Mi hermana nos va a buscar en su carro nuevo.
   MARÍA ¿Ah sí? ¡Me encantan los carros nuevos! (**no**)
5. MARÍA ¿Qué clase de perro vas a comprarte?
   CECI No sé todavía, pero tiene que ser un perro grande. (**no**)
6. MARÍA ¿Y cómo son sus familiares?
   CECI Es gente pobre pero muy alegre. (**sí**)

ST-38, page 131 D. ¡Qué trabajo!
1. ¿Cuánto tiempo hace que Gloria vendió sus artículos de artesanía? (**Ya terminó.**)
2. Ya hace muchos años que nosotros hacemos estos panes, ¿no? (**Sigue todavía.**)
3. Hace más de un año que la señora Carmen se mudó para la ciudad. (**Ya terminó.**)
4. ¿Cuánto tiempo hace que José Luis vende ropa para niños? (**Sigue todavía.**)
5. Hace veinte años que el señor Álvarez sirve comida típica desde su casa. (**Sigue todavía.**)
6. ¿Cuánto tiempo hace que la señora López cerró su farmacia? (**Ya terminó.**)

ST-39, page 131 C. Tu conciencia
Answers will vary.
1. ¿Cuánto tiempo hace que no ayudas a tus padres?
2. ¿Cuánto tiempo hace que comes demasiada comida mala?
3. ¿Cuánto tiempo hace que no lees un libro bueno?
4. ¿Cuánto tiempo hace que no les escribes a tus abuelos?
5. ¿Cuánto tiempo hace que no estudias suficientemente?
6. ¿Cuánto tiempo hace que gastas tu dinero en tonterías?

ST-40, page 134 B. Pero, ¿por qué?
1. ¿Por qué no fue Raúl a la feria? (**d, estaba**)
2. ¿Por qué no fueron al trabajo ustedes? (**e, era**)

3. ¿Por qué bailó tanto la gente? (**f, se sentía**)
4. ¿Por qué fueron ustedes a la comisaría? (**a, teníamos**)
5. ¿Por qué salió Julio tan temprano para la plaza? (**c, no quería**)
6. ¿Por qué no te quedaste más tiempo en la exposición de cerdos? (**b, olía[n]**)

ST-41, page 136 F. Yo recuerdo…
See Copying Masters.

Cuando yo era pequeño, no me gustaba nada ir a la peluquería. Me daba mucho miedo y cada vez que íbamos, yo lloraba. Una vez cuando mi papá y yo fuimos, él se puso furioso conmigo. Cuando regresamos a la casa, les dije a mi papá y mamá que tenía mucho sueño y me acosté inmediatamente. Poco después, tuve un sueño horrible. Era hora de ir a la escuela y el autobús me esperaba, pero ¡qué horror!—yo no tenía ningún pelo en la cabeza! Buscaba y buscaba, pero no podía encontrarlo. Gritaba y gritaba, pero nadie me oía. Por fin me despertaron mis padres y querían saber por qué yo decía: Mi pelo, mi pelo, ¿dónde está mi pelo?

ST-45, page 142 A. Unos turistas
1. Para comprar pasteles tengo que ir a la peluquería, ¿verdad? (**no**)
2. Llame rápidamente a los bomberos. Veo salir fuego de la casa de al lado. (**sí**)
3. Qué bueno que el señor Ruiz tiene gallos. Así hay huevos frescos cada mañana. (**no**)
4. Perdón, mi mujer está enferma y necesita medicina. ¿Dónde queda la panadería? (**no**)
5. ¿Sabe usted si venden revistas en inglés en la librería? (**sí**)
6. Antes de visitar a los López, quiero ir a la comisaría para ver si encuentro un jamón grande para regalarlo a la familia. (**no**)

ST-46, page 142 B. ¡Imagínate!
See page 142 for answers.

Lo mandé a la comisaría para informarse sobre las legalidades de la boda de su hermana, pero él fue a la librería y trajo invitaciones para un bautizo. Luego en la farmacia compró dulces y olvidó la medicina para el abuelo. Compró los pollos y las chuletas en el supermercado y no en la carnicería. No sabía que siempre están más frescos y baratos en la carnicería. Se quejó de que no había pan en la panadería y olvidó comprar todo lo que le pedí de la frutería. Ahora no sé qué voy a preparar hoy para el almuerzo. ¡Imagínate tantas tonterías!

Capítulo 5

ST-49, page 152 A. Al terminar los estudios
1. El campo ofrece pocas actividades culturales. (**desventaja / campo**)
2. Hay poca contaminación del aire en el campo. (**ventaja / campo**)
3. La ciudad tiene edificios impresionantes como los rascacielos. (**ventaja / ciudad**)
4. La muchedumbre de la ciudad puede volverlo loco a uno. (**desventaja / ciudad**)
5. La ciudad tiene peligros como los robos y los asaltos. (**desventaja / ciudad**)
6. El sistema de transporte es mejor en la ciudad. (**ventaja / ciudad**)
7. La comida del campo es más sana. (**ventaja / campo**)
8. Se vive más tranquilamente en el campo. (**ventaja / campo**)
9. Las ciudades ofrecen viviendas más modernas. (**ventaja / ciudad**)
10. A veces la vida se mueve demasiado rápido en la ciudad. (**desventaja / ciudad**)

ST-50, page 157 D. ¡Qué tormenta!
1. Va a llover más. (**Lo leyó.**)
2. Ya no estamos en peligro. (**Lo leyó.**)
3. Hoy empiezan a reconstruir el Monumento al Libertador. (**Lo oyó.**)
4. Se destruyó el almacén La Oriental. (**Lo leyó.**)
5. La destrucción incluyó dos casas . (**Lo oyó.**)
6. Fue la peor tormenta en la historia de esta ciudad. (**Lo oyó.**)
7. Algunos edificios del centro se destruyeron. (**Lo leyó.**)

ST-51, page 164 F. En familia
1. El señor Mendoza le dice a su familia: "¡Aprovechémonos de la vida cultural!" Más tarde repite:
   a. ¡Disfrutemos de las actividades culturales!
   b. ¡Quejémonos de la vida cultural!
2. La señora Mendoza le dice a su hija Raquel: "¡Ten cuidado con los perros!" Cuando Raquel sale a la calle, la mamá vuelve a decirle:
   a. ¡Cuídate de los perros, hija!
   b. ¡No te preocupes de los perros!
3. Pamelita es tremenda. Un día su tía le dice varias veces: "¡No hagas eso!" Finalmente,

tiene que decirle:
a. ¡Sírvete un helado!
b. ¡Pórtate bien!
4. Pamelita se sienta en el piso. La abuela la ve y le dice: "¡Levántate! El piso está muy sucio." Poco después, le repite:
a. Pamelita, ¡párate!
b. Pamelita, ¡no te pares!
5. Manuel tiene un examen importante mañana. Por la noche su mamá le dice: "No te pongas nervioso, hijo." Por la mañana le dice:
a. No te preocupes, hijo.
b. No me pidas ayuda, hijo.
6. Un día Gabriel Mendoza le dice a Daniela Sapiro: "¡Cásate conmigo!" Cuando Daniela no le responde, Gabriel sugiere cariñosamente:
a. Daniela, ¡no nos casemos!
b. Daniela, ¡casémonos!

ST-52, page 169 C. El tiempo pasa

1. ¿Todavía están pequeñitos tus primos? (**No, ahora están grandecitos.**)
2. ¿Todavía se ven jóvenes tus abuelos? (**No, ahora se ven viejitos.**)
3. ¿Todavía se ven jóvenes tus padres? (**Sí, todavía se ven jovencitos.**)
4. ¿Todavía es tremenda Isabelita? (**Sí, todavía es tremendita.**)
5. ¿Todavía tienes el pelo largo? (**No, ahora tengo el pelo cortito.**)
6. ¿Todavía es loca tu tía Rebeca? (**Sí, todavía es loquita.**)

ST-53, page 172 C. ¿Realidad o sueño?

1. Mi familia y yo vivíamos en un apartamento grande. (**realidad**)
2. Cuando yo salía con mi mamá, siempre tenía miedo de perderme en la muchedumbre. (**realidad**)
3. Me caía de un rascacielos altísimo. (**sueño**)
4. Había un caballito que construía su propia casa. (**sueño**)
5. Mis padres me dejaban solo muchas veces. (**realidad**)
6. Un león corría detrás de mí. (**sueño**)

ST-54, page 174 G. ¡Día de locura!

1. ¿Qué hacían tus padres cuando Pepito les explicó adónde iba? (**d. Le hacían preguntas a un robot doméstico.**)
2. ¿Qué hacía tu hermana cuando Pepito habló con ella? (**a. Leía sobre los rascacielos del futuro.**)
3. ¿Qué hiciste cuando viste que Pepito no estaba con ustedes? (**b. Comencé a buscarlo por todas partes.**)
4. ¿Qué hicieron tu hermana y tus padres? (**e. Empezaron a llamarlo.**)
5. ¿Qué hacía Pepito cuando lo encontraron? (**c. Conducía un carrito volador.**)

ST-58, page 181 A. Problemas

1. Para alquilar un apartamento agradable, se tiene que pagar mil dólares o más por mes y sólo los ricos tienen dinero suficiente para comprar una casa propia. (**e**)
2. Ayer tres criminales robaron el Banco Nacional, y a una amiga mía unos muchachos le quitaron la bolsa en la calle. (**h**)
3. Ya hay tantos carros en las calles que me toma una hora llegar al trabajo. El año pasado me tomaba sólo veinte minutos. (**c**)
4. Los taxis son carísimos y los autobuses nunca llegan a tiempo. Lo que necesitamos en esta ciudad es un metro. (**d**)
5. Los carros y las fábricas son cada día más numerosos. La salud de los habitantes sufre por los gases que emiten. (**f**)
6. Hay mucha gente que no tiene qué comer y que pide dinero en la calle. (**b**)
7. Como ahora vivimos en una ciudad grande, necesitamos más obras de teatro, los museos deben atraer exposiciones más interesantes y a los artistas se les debe pagar mejor. (**g**)
8. No hay suficientes trabajos para todos los nuevos habitantes. Cada día en los periódicos leemos de obreros y oficinistas que no pueden encontrar trabajo. (**a**)

ST-59, page 181 B. Una época interesante
See page 181 for answers.

De repente empezaron a construir muchas viviendas y edificios nuevos. Al mismo tiempo destruyeron una gran cantidad de casas y edificios típicos de nuestra región. Algunas personas querían conservarlos, pero no había tiempo. Demasiada gente entraba a la ciudad. Se olvidaron de la importancia de lo antiguo y construyeron en su lugar unos rascacielos magníficos y viviendas fabulosas. Pensé al principio que los cambios me iban a gustar. Me encantaba la idea de poder asistir a los conciertos de gente famosa y a otras actividades culturales. Pero se puso cada día más complicada y problemática la vida, y comencé a extrañar la tranquilidad de antes. Por eso, decidí mudarme para un pueblito, me enamoré de éste y aquí estoy.

Capítulo 6

ST-62, page 192 A. Categorías
1. Muebles: <u>el sofá</u>, la escalera, el baño, <u>la silla</u>, <u>la mecedora</u>, el piso, <u>la cama</u>, el techo, <u>el sillón</u>, <u>el escritorio</u>, <u>la mesita de noche</u>, la ventana, <u>la cómoda</u>, <u>la lámpara</u>
2. Cuartos: la alfombra, <u>la cocina</u>, la puerta, <u>el dormitorio</u>, las cortinas, <u>el baño</u>, <u>la sala</u>, la hierba, <u>el horno</u>, <u>el comedor</u>, la pared
3. Cosas que se ven desde el exterior de la casa: <u>la puerta</u>, <u>el techo</u>, la alfombra, <u>la hierba</u>, <u>el garaje</u>, el espejo, <u>la terraza</u>, el clóset, <u>el patio</u>, el horno
4. Aparatos y muebles que se encuentran en la cocina: el sofá, <u>la estufa</u>, la escalera, <u>los gabinetes</u>, <u>el fregadero</u>, el patio, <u>el horno</u>, el espejo, <u>el lavaplatos</u>, <u>el refrigerador</u>

ST-63, page 192 C. El loquito
1. Quiero ver televisión en el garaje. (**El Loquito**)
2. ¿Está el gato adentro o afuera? (**Luisito**)
3. Abro el clóset para sentir el aire fresco. (**El Loquito**)
4. Yo desayuno en la cocina y almuerzo en el comedor. (**Luisito**)
5. Insisto en estudiar en la escalera. (**El Loquito**)
6. Hoy me voy a bañar en el techo. (**El Loquito**)
7. Mi papá acaba de comprar un espejo bonito para el baño. (**Luisito**)
8. Mi mamá usa el lavaplatos para cocinar la comida. (**El Loquito**)
9. Mi manta es de cemento y mi almohada es de ladrillo. (**El Loquito**)
10. Mamá, acabo de romper la puerta de este gabinete. (**Luisito**)

ST-64, page 192 D. ¡Qué desastre!
1. El piso del garaje está lleno de tierra.
   a. ¡Bárrelo ahora!   b. ¡Pásale la aspiradora!
2. Algo en la cocina huele muy mal. ¡Mira toda esa basura!
   a. ¡Vámonos!   b. <u>¡Sácala inmediatamente!</u>
3. ¡El jardín está en ruinas!
   a. ¡Cómpralo!   <u>b. ¡Corta la hierba y riégala!</u>
4. ¿Y esas camas con las mantas y almohadas en el piso?
   <u>a. ¡Hagan las camas!</u>   b. ¡Duérmanse ahora!
5. Mira los muebles. ¡Qué sucios!
   a. ¡Riégalos!   <u>b. ¡Sacúdelos!</u>
6. Ahora quedan sólo los dormitorios de arriba. ¿A ver?
   a. ¡Salgan!   <u>b. ¡Arreglen los dormitorios!</u>

ST-65, page 195 B. Juanito, el perezoso
1. Juanito, ¡plancha la ropa! (**¡Que la planche Juanita!**)
2. Juanito, ¡barre el piso! (**¡Que lo barra Juanita!**)
3. Juanito, ¡corta la hierba! (**¡Que la corte Juanita!**)
4. Juanito, ¡limpia el garaje! (**¡Que lo limpie Juanita!**)
5. Juanito, ¡riega el jardín! (**¡Que lo riegue Juanita!**)
6. Juanito, ¡pasa la aspiradora! (**¡Que la pase Juanita!**)

ST-66, page 200 D. Ratón de biblioteca
1. Quiero que saques la basura. (**saque**)
2. Quiero que guardes tu ropa. (**guarde**)
3. Quiero que pases la aspiradora. (**pase**)
4. Quiero que laves el espejo. (**lave**)
5. Quiero que termines de hacer tu cama. (**termine**)
6. Quiero que te quejes menos. (**se queje**)

ST-67, page 206 E. La casa ideal
1. Tienen tres carros y cuatro bicicletas. (**Creo que necesitan un garaje.**)
2. Tienen seis hijos. (**Dudo que pidan un solo baño.**)
3. A la señora Peña no le gusta nada subir y bajar las escaleras. (**Dudo que les guste una casa de dos pisos.**)
4. Tienen mucha ropa y cosas para guardar. (**Creo que prefieren un clóset en cada dormitorio.**)
5. Al señor Peña no le gusta cortar la hierba. (**Dudo que insistan en un jardín grande.**)
6. Los padres dicen que sus hijos pelean mucho. (**Dudo que prefieran compartir dormitorios.**)
7. Parece que hacen muchas fiestas en casa. (**Creo que quieren un comedor grande.**)
8. A los señores Peña les gusta que entre mucha luz en la casa. (**Creo que les gusta una casa con muchas ventanas.**)

ST-68, page 212 F. Higiene

1. ¿Te lavaste los dientes? (**Sí, me los lavé.**)
2. ¿Te arreglaste el pelo? (**No, no me lo arreglé todavía.**)
3. ¿Te lavaste las manos? (**No, no me las lavé todavía.**)
4. ¿Te pusiste el piyama? (**Sí, me lo puse.**)
5. ¿Te limpiaste las orejas? (**Sí, me las limpié.**)
6. ¿Te quitaste los calcetines? (**No, no me los quité todavía.**)

ST-72, page 218 A. Mudanza
See Copying Masters.

1. LOS SEÑORES Aquí hay una alfombra marrón.
   SRA. RUBIO A ver, pónganmela arriba, en el dormitorio grande, debajo de la ventana.
2. LOS SEÑORES ¿Y la mesita de café, señora?
   SRA. RUBIO Pónganmela entre el sofá y la ventana, y por favor arreglen los dos sillones debajo de la ventana.
3. LOS SEÑORES ¿Dónde quiere usted que pongamos el refrigerador y el lavaplatos, señora?
   SRA. RUBIO Instálenlos, por favor, entre el fregadero y la estufa.
4. SRA. RUBIO Mucho cuidado con el librero, ¿eh? Va al lado izquierdo de la ventana en la sala.
   LOS SEÑORES No se preocupe, señora.
5. LOS SEÑORES ¿Llevamos esta cómoda arriba, señora?
   SRA. RUBIO Sí, va en el dormitorio grande frente a la cama y contra la pared.
6. LOS SEÑORES ¿Dónde quiere que pongamos esta cama?
   SRA. RUBIO Suban la escalera y pónganla en el dormitorio de mi hija contra la pared de la derecha. A propósito, el escritorio va en el lado izquierdo del mismo cuarto.
7. LOS SEÑORES Quedan cortinas y espejos nada más, señora.
   SRA. RUBIO Por favor pónganmelos todos en el cuartito de planchar. Tengo que limpiarlos antes de colgarlos.

ST-73, page 218 B. ¡Qué vida!
See page 218 for answers.

Mi esposo y yo somos muy afortunados. Tenemos una familia muy bonita con dos niñas y un niñito. Yo soy poeta y trabajo en la casa mientras cuido a los niños. Me gusta mucho mi trabajo porque no me quita la oportunidad de estar con mis hijos. Mi esposo es jugador profesional de fútbol. Juega con su equipo en muchos países. Por eso, muchas veces hacemos viajes a lugares muy interesantes. Tenemos dinero suficiente para hacer grandes fiestas para los amigos y también para ayudar con la construcción de un nuevo hospital aquí en Guadalajara.

Capítulo 7

ST-76, page 235 A. El burlón

1. A los escritores les fascina sobre todo la música. (**en broma**)
2. Un escultor pinta retratos. (**en broma**)
3. Los artistas usan pinceles, paletas y creyones. (**en serio**)
4. Para dibujar se necesitan varias lentes para la cámara. (**en broma**)
5. A los arquitectos les interesa la forma de los edificios. (**en serio**)
6. En los paisajes muchas veces hay árboles. (**en serio**)
7. Un autorretrato es una pintura de un carro. (**en broma**)
8. Los fotógrafos necesitan película para sacar fotos. (**en serio**)

ST-77, page 238 A. ¿Mandatos o no?

1. Me dicen que le dé los creyones a mi primita. (**sí**)
2. Me dicen que sé dibujar bien. (**no**)
3. Me dicen que están encantados con el cuadro que les pinté. (**no**)
4. Me dicen que hay una lente nueva para la cámara en el clóset. (**no**)
5. Me dicen que vaya a la exposición de escultura con mi hermano. (**sí**)
6. Me dicen que no sea tan tímida en la escuela. (**sí**)

ST-78, page 240 F. La solución es fácil

1. Mis hijos no son responsables. (**Diles que sean responsables, pues.**)
2. Mi hermana mayor es muy criticona. (**Dile que no sea criticona, pues.**)

3. Mis padres no están de acuerdo con mis decisiones. (**Diles que estén de acuerdo con tus decisiones, pues.**)
4. Mi hija está enojada conmigo. (**Dile que no esté enojada contigo, pues.**)
5. Mi esposo se va de vacaciones a la selva amazónica. (**Dile que no se vaya, pues.**)
6. Mi mejor amiga me da malos consejos. (**Dile que no te dé malos consejos, pues.**)

ST-79, page 243 A. Puntos de vista

1. EMILIO Lo fantástico de mis tíos es que siempre me dan dinero.
   JOSÉ Lo fantástico de tus tíos es que son muy generosos contigo. (**Están de acuerdo.**)
2. EMILIO Lo interesante de esta clase son las películas.
   JOSÉ Lo interesante de esta clase es hacer excursiones. (**No están de acuerdo.**)
3. EMILIO Lo peor de Ramón es que habla muy poco.
   JOSÉ Lo peor de Ramón es que no habla mucho. (**Están de acuerdo.**)
4. EMILIO Lo mejor de Alicia es que sabe unos chistes comiquísimos.
   JOSÉ Lo peor de Alicia es que nunca me hacen reír sus chistes. (**No están de acuerdo.**)
5. EMILIO Lo bueno de las vacaciones es tener tiempo libre.
   JOSÉ Lo bueno de las vacaciones es no tener que estudiar ni trabajar. (**Están de acuerdo.**)
6. EMILIO Lo increíble de ser amigo de José es que siempre estamos de acuerdo.
   JOSÉ Lo increíble de ser amigo de Emilio es que nuestras opiniones son tan diferentes. (**No están de acuerdo.**)

ST-80, page 250 E. El primer día de clases

1. Repitan todas las palabras nuevas. (**Insiste que repitamos todas las palabras nuevas.**)
2. Comiencen inmediatamente todos los días. (**Insiste que comencemos inmediatamente todos los días.**)
3. Piensen en español. (**Insiste que pensemos en español.**)
4. Nunca se rían de otros estudiantes. (**Insiste que nunca nos riamos de otros estudiantes.**)
5. No pierdan nunca el tiempo. (**Insiste que no perdamos nunca el tiempo.**)
6. Cierren los libros durante los exámenes. (**Insiste que cerremos los libros durante los exámenes.**)

ST-81, page 256 E. ¡Qué genial!

1. Me gustaría estudiar para trapecista. (**c. ¿Estudiar para qué?**)
2. Papá, ¿me das el dinero suficiente para comprar un avión? (**d. ¿Dinero para qué?**)
3. Hermana, tú que estudias arquitectura, ¿me ayudas a diseñar un rascacielos? No lo he empezado todavía y tengo que terminarlo para mañana. (**e. ¿Para cuándo?**)
4. Cuando empiece a trabajar, voy a insistir que me paguen cien dólares por hora. (**a. ¿Cuánto por hora?**)
5. Puede ser que saque malas notas, pero es por ser demasiado inteligente. (**f. ¿Es por qué?**)
6. Mi amigo Alfonso y yo pensamos salir para Alaska a pie. (**b. ¿Salir para dónde?**)

ST-85, page 263 A. Estudiantes de arte
Answers may vary but should include the verb forms indicated.

1. ¿Ani? La Academia me aceptó. A lo mejor podemos tomar algunas clases juntos. ¿No te alegras? (**podamos**)
2. ¿Qué día te mandan que llegues a la academia? ¿El próximo lunes? (**llegue**)
3. Y tu padre, ¿aceptó finalmente que vas a un colegio de arte? (**vaya**)
4. ¿Tenemos que traer todas las obras que hicimos hasta ahora a la academia? (**traigamos**)
5. No nos va a quedar mucho tiempo libre el año que viene, ¿no crees? (**vaya**)

ST-86, page 263 B. Un cuento triste
Answers will vary.

Horacio Azteca fue un artista muy bueno. Pintó más de doscientas pinturas y creó veintidós estatuas. Pero sólo pintaba los fines de semana. Para ganar dinero, trabajaba en una fábrica. Un día una mujer importante supo que Horacio era artista. Fue a su casa para ver sus obras. Le encantaron y le ofreció cincuenta mil dólares por todas sus pinturas y estatuas. Horacio se alegró muchísimo, pero no se las vendió. Volvió a la fábrica y habló con el gerente. Le dijo que iba a ser artista profesional y que ya no iba a trabajar en la fábrica. Le mostró algunas de sus obras al gerente y el gerente también quedó impresionado con el talento de Horacio. ¡Qué contento estaba Horacio! Desafortunadamente, al día siguiente hubo un fuego incontrolable en la casa de Horacio y se destruyeron todas sus obras de arte.

Capítulo 8

ST-89, page 273 A. Un concurso
1. los templos, las pirámides (**e**)
2. los tejidos, las canastas (**h**)
3. los incendios, los volcanes (**g**)
4. la creación del mundo, los seres humanos (**f**)
5. la medicina, la astronomía (**b**)
6. el oro, la plata (**a**)
7. los mitos, las leyendas (**i**)
8. el boniato, la calabaza (**d**)
9. el sol, la luna (**c**)

ST-90, page 273 B. El ganador
1. el agua que cae del cielo (**la lluvia**)
2. una clase de comida anaranjada que se come mucho en el mes de noviembre (**la calabaza**)
3. el estudio de las estrellas (**la astronomía**)
4. un fenómeno natural que produce un gran movimiento de la tierra (**el terremoto**)
5. un fenómeno natural que empieza en el océano y que trae mucha lluvia y mucho viento (**el huracán**)
6. un producto que se come con frecuencia en dulces y que contiene cafeína (**el cacao**)
7. la estrella que le da calor a nuestro planeta (**el sol**)
8. el efecto de una lluvia muy fuerte (**la inundación**)

ST-91, page 277 D. Mi madre, la curiosa
1. ¿Ya has recibido mi tarjeta, Marta? (**Sí, ya la he recibido.**)
2. ¿Y ya me has escrito la carta que me prometiste? (**No, no te la he escrito todavía.**)
3. ¿Ya han comprado las piezas de cerámica que les pedí? (**Sí, ya las hemos comprado.**)
4. ¿Ya han visto las pirámides de Teotihuacán? (**No, no las hemos visto todavía.**)
5. ¿Ya has abierto el regalo que te mandé, Marta? (**No, no lo he abierto todavía.**)
6. ¿Ya han buscado unos tejidos? (**Sí, ya los hemos buscado.**)
7. ¿Y ya has olvidado a tu novio, Marta? (**No, no lo he olvidado todavía.**)

ST-92, page 283 C. ¡Qué catástrofe!
See page 283 for complete answers.
1. Se cayeron rascacielos, escuelas e iglesias. (**b**)
2. Muchas personas todavía buscan a sus familiares. (**e**)
3. No hay comunicación en muchas zonas porque se cayeron los cables. (**d**)
4. Muchas tiendas ya no están abiertas al público. (**c**)
5. No se han identificado muchos carros que se dejaron por las calles. (**f**)
6. Los mexicanos por todo el país, tanto los ricos como los pobres, trabajan juntos para ayudarse unos a otros. (**a**)

ST-93, page 289 B. Comparaciones
Answers will vary.
1. Es probable que nuestra escuela sea la más vieja del estado.
2. Es preciso que nos construyan una escuela más grande el próximo año.
3. Es raro que venga un policía a nuestra escuela.
4. Es posible que nuestro equipo de béisbol gane el campeonato.
5. Es bueno que a nuestros profesores les guste su trabajo.
6. Es inútil que nuestro equipo de fútbol practique. Siempre pierde los partidos.

ST-94, page 294 B. ¡Como tú quieras!
See page 294 for answers.
1. ¡Vamos a mirar los tejidos!
2. ¡Vamos a ver las joyas!
3. ¡Vamos a comprar piezas de cerámica!
4. ¡Vamos a ir para allá!
5. ¡Vamos a explorar las ruinas!

ST-98, page 300 A. Su gran oportunidad
See page 300 for answers.

¿No ha visitado nunca Guatemala? Pues, ha llegado su gran oportunidad. Por un corto período de tiempo nuestra agencia de viajes "Buen viaje" le ofrece un paquete único para conocer este hermoso país. Conozca ruinas espectaculares donde se desarrollaron civilizaciones indígenas muy avanzadas. Aprenda las leyendas y los mitos de la cultura maya y descubra todos sus tesoros arqueológicos. Venga a caminar por ciudades coloniales construidas hace cientos de años. Compre piezas de cerámica, hermosos tejidos hechos a mano por artesanos, y objetos y joyas de oro y de plata. Le hemos preparado una gran aventura. Para mayor información, llámenos o venga a nuestra agencia de viajes.

ST-99, page 301 B. De viaje
See page 301 for answers.

MANUEL No sabes cuánto me alegro que vayamos mañana a Guatemala. Nunca he visto ruinas de los indios. Hasta ahora sólo he leído mucho sobre ellas.

DORIS Deja de soñar. No hemos llegado todavía. ¿Ya has hecho tu maleta?

MANUEL ¿Qué maleta? Yo sólo voy a llevar una mochila. He descubierto que llevar maletas en los viajes no es muy práctico.

DORIS Puede ser, pero es necesario que lleves una maleta si quieres comprar artesanías de los indios como lo quiero hacer yo. En tu mochila pueden llegar rotas.

MANUEL Está bien. Otra cosa. ¿Tienes tu pasaporte? Es aconsejable que no lo metas en la maleta, pues es probable que lo necesitemos varias veces durante el viaje.

DORIS ¡Ya lo sé! No soy tan tonta como tú crees. A propósito, ¿has llamado al aeropuerto para hacer las reservaciones y para averiguar si el avión realmente sale a las cuatro de la tarde? Y los boletos, ¿dónde los tienes?

MANUEL Yo no he llamado a nadie, y yo pensaba que tú habías comprado los boletos y que ibas a hacer las reservaciones para el hotel.

DORIS ¡Qué bien preparados estamos! Y el avión sale dentro de tres horas. ¿No te parece aconsejable que nos demos un poco de prisa?

Capítulo 9

ST-102, page 310 A. Fiestas y fechas
1. ¿Cuándo se celebra el Día de los Inocentes? (**el 28 de diciembre**)
2. ¿En qué fecha es el Año Viejo? (**el 31 de diciembre**)
3. ¿Cuándo es el Día de los Reyes Magos? (**el 6 de enero**)
4. ¿Cuándo se celebra el Día de los Enamorados? (**el 14 de febrero**)
5. ¿En qué fecha se celebra el Día de la Raza? (**el 12 de octubre**)
6. ¿Cuándo es el Día del Trabajo? (**el primero de mayo**)
7. ¿En qué fecha es la Nochebuena? (**el 24 de diciembre**)
8. ¿Cuándo es el Día de los Difuntos? (**el 2 de noviembre**)

ST-103, page 310 B. Según los estudiantes
1. Se le hacen muchas bromas a la gente.
   ¿Es <u>el Día de los Inocentes</u> o el Día de la Independencia?
2. Todos recuerdan a los familiares que se han muerto.
   ¿Las ferias de los santos patrones o <u>el Día de los Difuntos</u>?
3. En esta fecha tres señores traen regalos a los niños.
   ¿Es la Semana Santa o <u>el Día de los Reyes Magos</u>?
4. Es el día en que los europeos descubrieron el Nuevo Mundo.
   ¿Es <u>el Día de la Raza</u> o el Día de la Independencia?
5. Los negocios se cierran porque todos votan por un nuevo gobierno.
   ¿Es el Día de la Raza o <u>el Día de las Elecciones</u>?
6. La gente se pone disfraces y baila en las calles.
   ¿Es <u>el Carnaval</u> o las ferias de los santos patrones?
7. Es la fiesta para los que trabajan.
   ¿Es <u>el Día del Trabajo</u> o el Día de los Inocentes?
8. En esta fecha se celebra el primer día del año.
   ¿Es <u>el Año Nuevo</u> o la Navidad?

ST-104, page 316 D. ¡Feliz Año!
1. Aquí todos están gritando. ¿Y allá? (**no estamos gritando**)
2. Aquí todos están bailando. ¿Y allá? (**no estamos bailando**)
3. Aquí todos están cantando. ¿Y allá? (**no estamos cantando**)
4. Aquí todos están besándose y abrazándose. ¿Y allá? (**no estamos besándonos y abrazándonos**)
5. Aquí todos están prendiendo fuegos artificiales.

¿Y allá? (**no estamos prendiendo**)
6. Aquí todos están comiendo las doce uvas. ¿Y allá? (**no estamos comiendo**)

ST-105, page 320 A. Una clase de arte
1. Cuando entré a la clase, estaba haciendo aviones de papel. (**Tito**)
2. Cuando entré a la clase, estaba pintando un retrato de la profesora. (**Ismael**)
3. Cuando entré a la clase, estaba escribiéndole una nota a su amiga. (**Susi**)
4. Cuando entré a la clase, estaba mirando a Inés. (**Víctor**)
5. Cuando entré a la clase, estaba leyendo otra historieta. (**Doris**)
6. Cuando entré a la clase, estaba durmiendo. (**Marta**)

ST-106, page 326 D. ¡Qué presumido!
1. Voy a pedir una moto que vaya rápido. (**Yo ya tengo una moto que va rápido.**)
2. Me gustaría un tocadiscos que toque discos compactos. (**Yo ya tengo un tocadiscos que toca discos compactos.**)
3. Quiero una computadora que haga mi tarea. (**Yo ya tengo una computadora que hace mi tarea.**)
4. Voy a pedir una cámara que saque buenas fotos. (**Yo ya tengo una cámara que saca buenas fotos.**)
5. Me gustaría un caballo que sea de raza pura. (**Yo ya tengo un caballo que es de raza pura.**)

ST-107, page 327 F. ¿Lo conoce o no?
1. Tengo que hablar con mi vecino que toca la marimba. (**Lo conoce.**)
2. Necesito un profesor que diga buenos discursos. (**No lo conoce.**)
3. Busco un bailarín que sepa bailar la "cueca". (**No lo conoce.**)
4. Busco a los estudiantes que marcharon el año pasado. (**Los conoce.**)
5. Necesito llamar al hombre que vende piñatas. (**Lo conoce.**)
6. Necesito unos chicos que puedan construir una carroza. (**No los conoce.**)

ST-108, page 332 E. Una personalidad doble
See Copying Masters. Answers are on page 332.
1. Tú sabes, Eduardo es tímido.
2. Eduardo va todos los viernes por la noche a la biblioteca.
3. Siempre sale con su prima los sábados.
4. Pasa mucho tiempo en su cuarto escuchando música clásica.
5. Eduardo es tan popular. Tiene muchísimos amigos.
6. Eduardo es muy sincero. ¿No crees?

ST-112, page 338 A. Idealismo
See page 338 for answers.

1. ADRIÁN Oye, Emilio, mi chica ideal tiene el pelo largo y rubio. ¿Y la tuya?
   EMILIO A ver, la mía no lo tiene rubio sino negro, pero yo también lo prefiero largo.
2. ADRIÁN Emilio, yo prefiero las chicas bajas. ¿Y tú?
   EMILIO No, no las prefiero bajas sino altas como yo.
3. ADRIÁN Y quiero que mi novia prefiera la comida sana, como yo.
   EMILIO La mía no necesita comer cosas sanas, sino que tiene que jugar ajedrez, porque es mi pasatiempo favorito.
4. ADRIÁN Por fin, espero que a mi futura novia le gusten los animales porque algún día quiero tener una granja.
   EMILIO Espero que a la mía no le gusten los animales sino los niños, porque siempre he querido tener una familia grande.

ST-113, page 339 B. En la radio
See page 339 for answers.

Buenos días, damas y caballeros. Su reportero les habla desde la esquina de Robles y Madero donde acaba de llegar el desfile del dieciséis de septiembre. Como saben, esta fiesta en honor de la independencia de México se celebra tanto en esta parte del suroeste como en México.

Ahora están pasando unos miembros de la Asociación de San Antonio. Están montados a caballo y llevan banderas que conmemoran esta importante ocasión. Estos hombres se ven muy impresionantes en sus trajes de color café adornados de plata. Ahora está pasando la banda de la escuela secundaria tecnológica. Como notan ustedes, están tocando el vals popular "Sobre las olas". Y llegan también los directores de la Cámara de Comercio Mexicano. Son diez señores en dos coches rojos con las banderas mexicanas. Después de un pequeño anuncio comercial, disfrutaremos de otra banda.

Capítulo 10

ST-116, page 354 A. La vida del cine
1. Yo también tengo que pagar las cuentas. (**probable**)
2. Viajo mucho para ganarme la vida. (**probable**)
3. El próximo año yo quisiera conseguir empleo como técnico. (**poco probable**)
4. Estoy día tras día en una oficina. (**poco probable**)
5. Pienso jubilarme después de mi propia película. (**probable**)
6. Quisiera casarme después de graduarme. (**poco probable**)
7. Trabajo sólo por la sociedad. Sobre todo trato de mejorar el nivel de vida de los pobres. (**poco probable**)
8. No aguanto más esta vida agitada del cine. (**probable**)

ST-117, page 354 B. Conchita la concisa
1. pagarle dinero a la universidad para asistir a clases (**c**)
2. lo que ocurre a veces cuando dos países no están de acuerdo (**d**)
3. acabar los estudios (**i**)
4. cuando suben los precios (**h**)
5. no gastar todo el dinero que ganas (**j**)
6. trabajar para pagar las cuentas (**a**)
7. cuando uno no puede salir de un lugar (**g**)
8. el problema que ocurre cuando hay demasiadas personas en un país (**e**)
9. esa máquina controlada por computadora que te hace todo el trabajo (**f**)

ST-118, page 357 A. Queremos casarnos
1. ¿Sacaste buenas notas en la escuela? (**a**)
2. ¿Cuándo te graduarás de la universidad? (**b**)
3. ¿Cómo ganarás dinero después de graduarte? (**b**)
4. ¿Ya conseguiste empleo? (**a**)
5. ¿Ahorrarás mucho dinero? (**b**)
6. ¿Dónde trabajaste este verano? (**a**)

ST-119, page 363 D. Salir para la universidad
See page 363 for complete answers.
1. ¿Podrás llamarme con mucha frecuencia? (**No...**)
2. ¿Querrás asistir a los partidos de fútbol americano? (**Sí...**)
3. ¿Tendrás una compañera de cuarto? (**Sí...**)
4. ¿Volverás a casa para las vacaciones? (**Sí...**)
5. ¿Harás mucha tarea? (**Sí...**)
6. ¿Saldrás frecuentemente? (**No...**)

ST-120, page 369 E. ¡Así es Nuria!
1. NURIA No sé qué ponerme esta noche para salir con Armando. (**a**)
2. NURIA Vamos a asistir al baile de la escuela. (**a**)
3. NURIA No es ni muy formal, ni muy informal. Por eso no me puedo decidir entre el vestido rojo y estos pantalones nuevos. (**b**)
4. NURIA Me gustan los dos. ¿A ver? ¡Ajá! Ya sé lo que voy a hacer. (**b**)
5. NURIA Voy a llevar el vestido rojo porque es el color favorito de Luis. Ay, caramba. Hablando de Luis, me parece que tengo otro problema. (**b**)
6. NURIA No sé si voy al baile con Luis o Armando. Los dos me invitaron a salir. (**a**)
7. NURIA Bueno, por el momento acepté las dos invitaciones. Es que no puedo decidir entre los dos. ¿Qué debo hacer? (**a**)

ST-121, page 375 D. Los ahorros
See Copying Masters.
1. Aumentan todos nuestros gastos. (**ganemos**)
2. Podremos pagar nuestras cuentas. (**siga**)
3. Queremos mejorar nuestro nivel de vida. (**gastemos**)
4. Hay que ahorrar parte de nuestro sueldo. (**vayan**)
5. Tendremos que conseguir mejores empleos. (**paguen**)

ST-122, page 376 A. Padres generosos
Answers will vary.
1. Les daré dinero para que compren un carro cuando tengan 18 años.
2. A veces les daré dinero sin que me lo pidan.
3. No les daré dinero a menos que saquen buenas notas.
4. Les daré dinero en caso de que quieran viajar a Europa.
5. Les daré dinero antes que salgan con los amigos.
6. Les daré dinero para que se matriculen en una buena universidad.
7. Les daré dinero cada mes con tal que ahorren una parte.

8. Les daré dinero hasta que se gradúen de la escuela secundaria para que no tengan que trabajar.

ST-126, page 382 A. Clase de sociología

1. ¿Qué hay que hacer cada mes para que no te corten la electricidad, la luz y el agua? (**b**)
2. Si quieres ganarte la vida, ¿qué es lo que tienes que hacer? (**f**)
3. Durante muchos años antes de jubilarse, ¿qué es necesario hacer? (**g**)
4. ¿Qué es lo que los países ricos tienen que hacer por los países del tercer mundo? (**e**)
5. Cuando los precios suben continuamente, ¿qué fenómeno es? (**d**)
6. ¿Cuál es el peor conflicto que pueden tener dos países? (**a**)
7. ¿De qué problema sufren los países que tienen más gente que vivienda, trabajo o comida? (**c**)

ST-127, page 382 B. Llamada telefónica
See Copying Masters. Answers are on page 382.

FAUSTO   Hola, soy Fausto Ruiz. ¿Se encuentra Enriqueta?

ENRIQUETA   Sí, soy yo, Fausto. ¿Qué tal? Hace tiempo que no me llamas.

FAUSTO   Sí, ya sé. He estado muy ocupado. Tuve exámenes toda la semana pasada.

ENRIQUETA   Ya veo. ¿Qué crees? Ayer me encontré a la mamá de Susy. Sí, Susy Robles, nuestra amiga de primaria. Me contó que Susy se casará el mes próximo.

FAUSTO   Me acaban de decir lo mismo. Por eso te llamaba.

ENRIQUETA   Y la señora Robles quiere que Susy se gradúe antes de casarse. ¿Piensas que podrá hacerlo?

FAUSTO   ¿Qué sé yo? Pero espero que sí, porque parece que su estado financiero no es muy bueno. Los dos tendrán que trabajar para ganarse la vida. Eso no dejará mucho tiempo para tener una familia.

ENRIQUETA   No, según la Sra. Robles, no tendrá nietos pronto a menos que Susy y su novio se saquen la lotería.

FAUSTO   [*Se ríe.*] Bueno, Susy. Te dejo. Hasta la boda, ¿eh?

ENRIQUETA   Sí. Hasta pronto.

Capítulo 11

ST-130, page 390 A. ¡Qué nervios!

1. Hay unos animales del mar que son peligrosos; por ejemplo, el tiburón, la medusa y <u>la barbacoa</u>.
2. Hay plantas que crecen en la isla como la palma, <u>la ostra</u> y la orquídea.
3. Algunas de las frutas de que se pueden disfrutar son <u>la ola</u>, la piña y la sandía.
4. Otras frutas tropicales son la papaya, <u>el pulpo</u> y el mango.
5. Unos animales pequeños que se encuentran a veces en las costas son <u>el salvavidas</u>, la medusa y la ostra.
6. Unos animales grandes que viven en el mar son el tiburón, el delfín y <u>la cueva</u>.
7. Para divertirse en el agua siempre pueden bucear, flotar en un colchón de aire o <u>sentarse debajo de una palma</u>.

ST-131, page 391 A. Hermanito, hermanito
Wording of complete answers will vary.

1. ¿Llevas el colchón de aire para flotar en el agua? (**Sí...**)
2. ¿Buceas para poder ver los cocos y papayas en el mar? (**No...**)
3. ¿Los cangrejos viven en las palmas? (**No...**)
4. ¿Hay varios tipos de peces en el mar? (**Sí...**)
5. ¿Los tiburones pueden vivir fuera del agua? (**No...**)
6. ¿Se acuesta uno en la playa para broncearse? (**Sí...**)
7. ¿Se pueden comer ostras y cangrejos? (**Sí...**)
8. ¿Y las medusas? ¿Son sabrosas las medusas? (**No...**)

ST-132, page 394 C. ¡Una fiesta en la playa!
See page 394 for complete answers.

1. ¿Ya habían comprado los cocos y la sandía? (**Sí...**)
2. ¿Ya habían traído la piña? (**Sí...**)
3. ¿Ya habían cortado el pastel? (**No...**)
4. ¿Ya habían cocinado la langosta? (**Sí...**)
5. ¿Ya habían comprado el hielo? (**Sí...**)
6. ¿Ya habían preparado los regalos? (**Sí...**)
7. ¿Ya habían hecho el ponche? (**No...**)

ST-133, page 399 C. Cuando brilla el sol...

1. Éste es el bote de que me caí poco después de la foto. (**derecha**)
2. ¿Te acuerdas de la mujer salvavidas a quien me

refería en la carta? Pues, es esta chica aquí, ¿ves? (**izquierda**)
3. ¿El niño que está enterrado en la arena? Ah, es el chico francés con quien me lo pasaba charlando. (**derecha**)
4. Las dos personas con la mujer salvavidas son los turistas a quienes conocimos al llegar a la isla. (**izquierda**)
5. ¿Ves este viejito? Pues, es el hombre que me contó sobre la historia de la isla. (**derecha**)
6. Claro, es el pez más grande que había pescado en mi vida. (**derecha**)
7. Aquí ves el taxi que tomaba todos los días para regresar al hotel. (**derecha**)
8. Ahí al fondo está el hombre de quien aprendí a correr olas. (**izquierda**)

ST-134, page 403 A. ¿Hemos olvidado algo?

1. Todos dijeron que comprarían refrescos.
2. Yo dije que conseguiría ostras.
3. Alicia dijo que buscaría piña, cocos y sandía.
4. Ramón y Eva dijeron que llevarían langosta y cangrejos para la barbacoa.
5. Tú dijiste que traerías mangos.
6. Nosotros dijimos que prepararíamos toda la comida.

ST-135, page 405 C. ¡Mostremos nuestros talentos!
See page 405 for complete answers.

1. A ver, Ana tiene talento artístico. (**d**)
2. Federico y Marta conocen a un escultor profesional, ¿no? (**c**)
3. Estoy seguro de que el padre de Miguel tiene una joyería. (**e**)
4. Bárbara y yo sacamos muy buenas notas en la clase de cocina. (**a**)
5. Por cierto, a mí siempre me ha gustado hacer cosas con las manos. (**b**)

ST-136, page 409 B. Dos aficionados
See page 409 for complete answers.

1. Alguien llama a la puerta de don Ruperto. (**a**)
2. Es Isabel y está llorando. (**d**)
3. Isabel tiene una llave en la mano. (**b**)
4. Se la da a Don Ruperto. (**f**)
5. Isabel mira por la ventana y grita. (**c**)
6. Don Ruperto mira por la ventana y sale rápidamente de la casa. (**e**)
7. Hay un hombre muy grande y alto cerca de la ventana. (**g**)
8. Ahora Isabel tiene el teléfono y llama a alguien. (**h**)

ST-140, page 417 A. La bióloga
See page 417 for answers.

PAPÁ   Quisiera hablar con la señorita Martínez, por favor.
HIJA   Sí, soy yo.
PAPÁ   Leticia, mi hijita, ¿Cómo estás?
HIJA   Papi, qué gusto escucharte. ¿Y mi mamá?
PAPÁ   Bien, bien. Te llamé porque no habíamos sabido nada de ti.
HIJA   Lo siento. No les había escrito porque estoy ocupadísima con las prácticas de biología. Todo el día nos lo pasamos en la playa y hasta ayer no había tenido tiempo de hacer nada más.
PAPÁ   ¿Ya viste las tortugas gigantes?
HIJA   Sí, pero no las habíamos visto hasta ayer por la tarde. ¡Fue increíble, papá! Había cientos de ellas poniendo huevos en la arena. Hoy todavía quedan muchas. Me encantaría poder mostrárselas a ti y a mi mamá. ¿Acaso no quieren ustedes tomar unas vacaciones aquí en la isla?
PAPÁ   Cómo no, querida. Tal vez tu mamá y yo te visitemos a fines del mes y así aprovecharemos para conocer esas bellas islas.
HIJA   Ojalá, papi. ¡Sería fantástico! Yo los llevaría a bucear y a ver los pingüinos y pelícanos y reptiles y...
PAPÁ   [*se ríe*] Bueno, ya basta, hija... ya tendremos tiempo de conversar con más calma muy pronto. Por suerte tenemos unos días libres a fines del mes e iremos muy pronto a verte.

ST-141, page 418 B. Un anuncio radiofónico
See page 418 for answers.

¿Le gustaría ganar mucho dinero mientras se divierte en las más hermosas playas del mundo? ¿Le parece difícil creerlo? Entonces debería visitarnos. Nuestra agencia de empleos le ofrece los trabajos más interesantes lejos del tráfico y las muchedumbres de una gran ciudad como ésta. Si usted tiene buena presentación y ganas de trabajar y superarse, podría conseguir un buen puesto en algún hotel del Caribe hoy mismo con sólo llamarnos. Será muy ventajoso si habla inglés y aún mejor si sabe un tercer idioma. Nuestros empleados viven y trabajan juntos como una gran familia y además pueden practicar deportes en sus ratos libres. Usted podría trabajar durante el verano y ahorrar suficiente dinero para sus estudios. Tenemos trabajos de todo tipo en los hoteles y en diferentes sitios arqueológicos. Hay puestos para meseros, guías, recepcionistas, pescadores de langostas y muchos más. ¿Le interesaría uno de estos trabajos? Venga hoy mismo a nuestra agencia donde nos encantará explicarle todas las posibilidades que hay de conseguir un buen empleo. O llámenos al 24-44-56.

Capítulo 12

ST-144, page 426 A. ¡Qué imaginación!

1. Cuando escribe un cuento, se expresa de una forma muy original. (**Lo harían.**)
2. Se concentra muy bien en los estudios y nunca la he visto soñar despierta. (**No lo harían.**)
3. Sus dibujos típicos no son de casas ni flores, sino que representan un mundo distinto. (**Lo harían.**)
4. Nuestra hija se deja influir muy poco por la fantasía. (**No lo harían.**)
5. Le encanta crear e ilustrar sus propios cuentos. ¡Cómo deja volar la imaginación! (**Lo harían.**)
6. Parece tener la mente de una futura escritora de novelas. (**Lo harían.**)
7. Los personajes principales de sus cuentos siempre son de la vida real. (**No lo harían.**)
8. A veces, su imaginación la lleva a extremos y tengo que decirle que vuelva a la realidad. (**Lo harían.**)

ST-145, page 426 B. El título te lo dice todo

1. DIEGO Pues, ¿qué te parece éste? *Las mujeres mágicas.* (**las brujas**)
2. MARISELA Hmm, interesante: *De Houdini a David Copperfield: Una historia de los hombres a quienes les gusta la magia.* (**los magos**)
3. DIEGO Y, ¿qué tal *Veinte cuentos de hombres altos*? (**los gigantes**)
4. MARISELA Éste será más informativo. Mira: *Los hijos de los reyes: Un estudio sicológico.* (**los príncipes**)
5. MARISELA Voy a llevarme este libro: *¿Qué significan los cuentos infantiles en realidad?* (**los cuentos de hadas**)
6. DIEGO Yo prefiero éste, ¿ves?—*Como los pájaros en el cielo: Una historia de la aviación.* (**el volar**)

ST-146, page 429 A. ¿Pudieras ayudarme con eso?

1. Susana y yo somos miembros de la banda escolar. (**f, pudiéramos**)
2. Mis tías son cocineras profesionales. (**a, pudieran**)
3. Roberto y Daniel tienen una banda muy buena. (**e, pudieran**)
4. Ustedes tienen talento artístico. (**b, pudieran**)
5. Tú trabajas en una tienda que vende artículos festivos. (**d, pudieras**)

ST-147, page 434 C. De vacaciones

1. Nos pidió que buceáramos. (**No les gustó.**)
2. Nos recomendó que hiciéramos una barbacoa. (**Les gustó.**)
3. Nos recomendó que corriéramos olas. (**No les gustó.**)
4. Nos aconsejó que nos bronceáramos. (**Les gustó.**)
5. Nos aconsejó que saliéramos en velero. (**No les gustó.**)
6. Nos pidió que viéramos algunas películas. (**Les gustó.**)

ST-148, page 437 A. Una plática

1. Fue una lástima que estuvieras enfermo y no pudieras ir. (**fiesta**)
2. Fue interesante que mi mente influyera así en mí. (**sueño**)
3. Fue increíble que mi imaginación creara personajes tan agradables. (**sueño**)
4. Fue lógico que tarde o temprano empezáramos a contar chistes. (**fiesta**)
5. Fue extraño que los vecinos no se quejaran del ruido. (**fiesta**)
6. Fue raro que yo supiera que tendría que despertarme pronto. (**sueño**)
7. Fue inútil que yo tratara de volver a ese mundo tan distinto. (**sueño**)

ST-149, page 441 B. Impresiones
Answers will vary.

1. ¿Qué no te gustó de la última película que viste?
2. ¿Qué te fascinó de la última novela que leíste?
3. ¿Qué te preocupó del último programa de noticias que escuchaste?
4. ¿Qué te interesó de la última discusión inteligente que tuviste?
5. ¿Qué te asustó de la última película de terror que viste?

ST-150, page 445 C. Haríamos mucho más si...
See Copying Masters. Answers are on page 445.

1. Tomás y David quieren formar una banda, pero no saben tocar música.
2. Nosotros queremos asistir al concierto, pero nuestros padres no nos dejan.
3. Amalia quiere participar en el drama musical, pero no puede cantar.
4. Tú quieres escribir un cuento de hadas, pero no tienes talento.
5. Yo quiero hacer la tarea, pero no la entiendo.
6. Gloria y Rita quieren llamar a Rosalía, pero no se acuerdan de su número de teléfono.

ST-154, page 452 A. Por teléfono

1. ...y es una excelente película de ciencia-ficción. Dicen que el platillo volador tiene uno de los mejores efectos de sonidos que pudieras imaginarte. ¿Quisieras acompañarme a ver la película? Sí, y debiéramos llegar temprano. Perfecto, entonces, pasaré por ti cuando salga del trabajo. Hasta pronto, mi amor. (**b**)
2. ...Sí, ha vuelto a molestarme...Porque no me gustó que me doliera todo el día. No quisiera tener que esperar hasta entonces. ¿No pudiera verme antes?...Sí, gracias. Allí estaré el martes a las ocho. (**c**)
3. ...Y ésas son todas las novedades. Fue una lástima que no pudieras ir con nosotros al partido el domingo pasado. Todos te extrañamos mucho, y más en la fiesta de brujas....Ya sé, si no hubieras tenido el accidente, ahora estarías con nosotros. (**a**)
4. ...Sí, allí estaré esta tarde. Quisiera tratar de salir más temprano hoy. Necesito visitar a un amigo enfermo...Sí, ése mismo,...no, el problema fue que perdió el control del carro. Ya sé, si no condujera tan rápido, esto no le hubiera pasado. (**d**)

ST-155, page 452 B. La persuasión
See page 452 for answers.

¡Jóvenes y jovencitas! No dejen de ver la historia de "Yo fui un hombre lobo adolescente" que se exhibe en el Teatro Iris. Es la historia más fantástica que se pudiera imaginar. Si buscaran una historia mejor, no podrían encontrarla en ninguna parte. ¡En esta película de miedo, romance, lástima, frustración y comedia, hay de todo para los que quieren vivir dos horas de pura diversión! ¡Vengan a disfrutar esta nueva interpretación de la vieja historia! Hace 20 años habría sido imposible crear un hombre lobo que pareciera tan animal por fuera y tan humano por dentro. Véanlo escaparse de las situaciones más peligrosas como si fuera la cosa más sencilla del mundo. Y ríanse al ver cómo invita a salir a las muchachas como si fuera lo más natural. ¡No se pierdan esta película! Pudiera ser su última oportunidad. Viernes y sábado. Dos funciones.